拒绝的艺术

高文斐　著

吉林文史出版社
JILIN WENSHI CHUBANSHE

图书在版编目（CIP）数据

拒绝的艺术 / 高文斐著. -- 长春 : 吉林文史出版社, 2019.2

ISBN 978-7-5472-5865-1

Ⅰ.①拒… Ⅱ.①高… Ⅲ.①心理交往－通俗读物
Ⅳ.①C912.11-49

中国版本图书馆CIP数据核字(2019)第021959号

拒绝的艺术

出　版　人	孙建军
著　　　者	高文斐
责任编辑	弭　兰　崔月新
封面设计	韩立强
出版发行	吉林文史出版社有限责任公司
地　　　址	长春市福祉大路出版集团A座
网　　　址	www.jlws.com.cn
印　　　刷	北京楠萍印刷有限公司
版　　　次	2019年2月第1版　2019年2月第1次印刷
开　　　本	880mm×1230mm　　1/32
字　　　数	140千
印　　　张	7
书　　　号	ISBN 978-7-5472-5865-1
定　　　价	38.00元

前　言

　　同事请你帮个忙，你自己正忙得不可开交，可是却不想得罪人，这时你会怎么做？

　　朋友邀请你陪她逛街，你真的不愿意前往，可又不想驳了朋友的面子，这时你会怎么做？

　　上司交代你一个任务，可这已经超过你的能力范畴，你是硬着头皮接受，还是选择坚定地拒绝？

　　亲戚好心给你介绍了个相亲对象，你却丝毫没有兴趣，这时你又会如何解决这个问题？

　　……

　　在这个纷杂的社会，我们不是一个独立的个体，无法避免与形形色色的人打交道，也会或多或少遇到一些自己不想做、不愿做或是做不到的事情。这个时候，拒绝便是我们内心最好的选择。

　　然而，大家都知道，接受一件事情非常容易，不过是动动嘴皮子，而拒绝就显得困难很多。这不仅需要勇气，拉得下面子，更需要说话和沟通的技巧。正因如此，很多人即便内心非常不情愿，也不好意思说出"不"字，或是明知道自己没有那样的能力，也不敢勇敢地说出"不"字。

　　因为在他们看来，"拒绝"就是一个冰冷的词语，意味着冷酷、无情，若是自己说出口，肯定会伤害到别人，破坏彼此间的关系。于是，在"不"字说出口之前，已经违心地说了"是"。

　　事实上，若是我们不好意思拒绝、不敢拒绝，习惯了委屈自己，对别人的要求百依百顺，那么只能让自己活得很累，甚至成为人人欺负的"老好人"。更严重的是，你甚至会忘记，拒绝本就是你的权利——只要你不情愿，有拒绝任何人的权利，甚至不需要任何理由。时间长了，你的人格变得越来越不独立，习惯顺从和讨好他人，失去自由和快乐。

退一步讲，即便不会出现这样的情况，若是我们一时心软答应了做这些事情，却因力不从心办砸了，最后不仅会赔上自己的时间和精力，还容易遭到对方的埋怨，费力不讨好。

只要仔细观察就会发现，那些在事业、社交活动中取得成功，生活上获得快乐的人，都敢于拒绝、善于拒绝。影星索菲娅·罗兰便是一个懂得拒绝的人，而这得益于查理·卓别林的忠告。她在《生活与爱情》一书中记下了卓别林对她的忠告："你必须学会说'不'，索菲娅，你不会说'不'，这是个严重的缺陷。我也很难说出口，但我一旦学会说'不'，生活就变得好过多了。"

所以，我们应该尊重自己的权利，抛弃不好意思，学会拒绝，大胆地拒绝，尽快掌握这一社会交往的重要技能。

当然，很多人无法拒绝是因为不懂得拒绝的技巧，担心自己的不恰当拒绝会让对方感到不快，甚至得罪了对方。这些人有这样的担心也是可以理解的，毕竟拒绝并不是简单地说"不"，它需要高超的说话技巧，是一门与人沟通的艺术。

想要达成一次完美的拒绝，我们就应该从对方角度出发，考虑对方的感受和心情，尽量把话说得婉转、动听、自然一些，让对方能心甘情愿地接受。同时，我们还需要保持自己的原则，清晰地表达自己的想法。简单来说就是，拒绝的同时，不伤害对方。

我们这里讲述了如何拒绝的艺术，从生活、职场、人际交往等方面阐述如何拒绝他人、维护与他人的关系，以及让自己的人格更独立、更完整。相信读了本书，你就可以迈出第一步，让自己拒绝得优雅、漂亮！

目　录

第一章 | 你可以说"不"
DIYIZHANG | ——"不"与"是"都是你的权利

面对他人的要求，你想要拒绝，却不敢大声地说出口。可拒绝本就是你的权利，是重视自己需求和感受的体现，更应该是你的主动选择。

1. 允许自己说"不"，这是你的权利

"拒绝是一种权利，就像生存是一种权利。古人说：有所不为才能有所为。这个'不为'，就是拒绝。人们常常以为拒绝是一种迫不得已的防卫，殊不知它更是一种主动的选择。"这句话是当代著名作家毕淑敏说的。她明确地告诉我们，拒绝是我们的权利，我们有权按照自己的意愿生活，拒绝所有人的所有要求。

可惜的是，在现实生活中，很多人不敢行使这一权利，或是根本不知道自己有这样的权利。他们往往说：我不能拒绝他，因为他是我的孩子，我爱我的孩子……我不好意思拒绝他，因为他是我的朋友，我怕伤害到我们之间的友情……我不敢拒绝他，因为他是我的老板，我担心会被开除、穿小鞋……面对孩子、爱人、朋友、亲人、老板、客户，我都不能拒绝……这些人总是想着别人，却唯独没有想到自己，没有顾及自己的想法，没有保护自己的尊严，更没有在乎自己的权利。

《欢乐颂》中的樊胜美是一个令人同情，也令人痛恨的人物。说她值得同情，是因为她美貌如花，能力突出，努力拼搏，却始终被家庭所累，不得不拼命赚钱填补家里的"无底洞"。而说她可恨，则是因为这一切的不幸，都是她的不拒绝导致的。面对母亲的逼迫，她有拒绝的权利，拒绝为哥哥所惹出的祸端"买单"，拒绝四处奔波、到处筹钱。但是她没有拒绝，任凭家里人予取予求。与其说她不知道怎么拒绝，难以拒绝，还不如说她根本没有拒绝的意识。

之前认识一个女孩，她就是一个樊胜美式的人物。她是家里的

长女，下面还有一个弟弟和一个妹妹。由于父亲早早就去世了，她和妈妈、奶奶、弟弟、妹妹相依为命，艰难地生活着。从很小的时候，她就帮助奶奶照顾弟弟、妹妹，因为妈妈是这个家的支柱，必须外出工作挣钱。在这样的环境下，她养成了"付出型"的人格，对任何人都非常好，从不拒绝任何人。即便对方提出的要求让她难以做到，她也不会说出一个"不"字，对弟弟妹妹更是如此。弟弟妹妹上大学的时候，她才工作两年，工资非常低，在大城市仅仅够维持正常的生活开支。可是，她还是时常给弟弟妹妹寄生活费，只要弟弟说："姐姐，我没钱了，你给我点儿钱吧！"她就会立即把钱给他打过去；只要妹妹说："姐姐，我想要买XX，其他同学都买了。"她也会立即给妹妹买好了送过去。为此，她的生活非常节省，连一件新衣服都不敢买，还不得不在工作之余兼职发传单赚钱。不仅对家人如此，对身边的朋友、同事，她也很难说出拒绝的话，或者说不知道应该怎么拒绝。在公司里，同事时常把不该她做的工作推给她，她就乖乖地做下去；好不容易休息一天，朋友拉着她帮忙搬家，她也随口答应。几个很要好的朋友都劝她，该拒绝的时候就拒绝，不要勉强和委屈了自己。可是，她却总是说自己很难开口，不知道该如何拒绝。是不是你的身边也有很多这样的人？这样的人是善良的，却很难过得快乐。他们时常因为不会拒绝导致自己的时间、计划被打乱，还需要处理太多的事情，搞得自己整天焦头烂额，甚至损失钱财或是健康。简单来说就是，他们忽视了自己的权利，只想着满足别人，却也让自己委屈不已。所以，我们应该拒绝做这样的人，若是遇到这样的人，也应大声地告诉他们：每个人都应该有爱心、宽容之心，但是也要学会拒绝。面对别人的要求，不管是亲人、爱人、孩子，还是朋友、同事，你都没有义务"必须答应""应该帮忙"。不要因为拒绝而产生内疚，也不要觉得拒绝难以启齿。这是你的权利，就像生存权一样。当你不愿意做某件事情时，你应该大胆地拒绝；当你因某事而困扰时，也应该大方地说"不"。每个人都不是超人，不可能让所有人满意，更不可能满足所有人的要求。一旦你忽视了自己的权利，心里想拒绝却不敢、不会、不善于拒绝，就会被自己所累，生活得悲惨，失去自我。

记住毕淑敏的话，人要有所为，有所不为，你要敢于拒绝，把它当成一种更主动的选择，为自己的人生增添更多精彩！

2.　拒绝也是你人生的一种能力

拒绝是一种态度，也是一种能力。所谓态度，就是你是否有拒绝的意识，而能力则是你是否能真正做到成功拒绝。显然，后者比前者更困难。事实上，很多人有拒绝的意愿，不情愿答应某人的要求，不甘心被别人指使，却做不到爽快、干脆地拒绝。他们在人格上是不独立的，且极度缺少自信，这让他们在拒绝别人之前就产生了怯懦的思想，不敢也不知道怎样说出自己的想法，坚持自己的观点。于是，一次次的允许，一次次的退让，他们让自己越来越远离"初心"，越来越不会拒绝、不懂拒绝，成为一个没有拒绝能力的人。

一个女孩有一份不太好也不太坏的工作，能够解决温饱问题，却没有太大的前途。其实，这个女孩完全可以找一份好的工作，可由于她从小缺乏自信，太在意别人的评价，才失去了一个好机会。当初，她同时面试了两个公司，一个是现在所在的公司，另一个是业内比较有名的公司。面试后第三天，她接到这个公司的入职通知和另一家公司的复试通知，两者是同一时间。对此，她不知道该选择哪个，只能求助于要好的同学。这位同学说："那家公司确实更有前途，规模也大，可你能保证自己顺利通过复试吗？要是你选择放弃第一个公司，复试又失败了，岂不是一场空？"女孩更加犹豫，她心里想：是啊，我怎能保证一定能复试成功呢？那里人才济济，我恐怕只能得到失败的结果。即便我顺利进入那家公司，又能胜任那里的工作吗？想到此，她忍痛拒绝了那家公司的复试邀请，选择了现在这家公司。实际情况呢？初试时，她的成绩非常不错，排在了前几名，而且面试官对文静的她很有好感。进入这家公司后，她像所有人一样上下班，朝九晚五，可却不敢表现自己。老板交代她什么事情，她就做什么事情，不敢拒绝，也不敢应付了事。可一旦有特别表现的机会，比如老板说："这儿有个客户，你们谁接待一下？""这儿有个任务，谁有把握完成？"她总是低着头不说话，怕自己不能胜任，搞砸了事情。平时她努力和同事搞好关系，一起吐吐槽，聊聊八卦，还时常一起聚会。可女孩并不喜欢这样的生活方式，觉得与其花那么多时间在闲聊、聚会上，还不如宅在家里玩玩手机或是看看书。然而，只要每次有人说去逛街、聚会，她最后都会跟着一起去。因为她不敢拒绝，怕同事因此不喜欢自己，说她不合群。一个周末，女孩身体不太舒服，想要在家里好好休息一下。谁知一大早就接到同事的电话，说计划好了一天的活动：先到郊区爬山，然后再到农家院吃饭、打麻将。一听这话，女孩差点儿晕倒，吞吞吐吐地说："我今天有些不舒服，你们自己去吧！"同事自然是热情地邀请，驳回了她的拒绝。最后，她还是忍着身体不适，和同事玩了一天。

我们说这个世界上，最痛苦的就是不自信、没有独立人格的人，他们永远活在别人的眼中，好像是为了别人而活。这个女孩就是这样的人，她努力想要改变自己，以便迎合别人。她时常被别人的一句话影响，不敢做自己想做的事情，甚至不敢做决定。这是因为她最害怕的事情就是自己做不好，受到别人的嘲笑。所以，她逐渐地失去自我，也让自己过得非常累、不快乐。

若是她能够相信自己，看到自己的优点，就能慢慢地成长，并且成为更优秀的人！

所以，你若是想要学会拒绝，首先要让自己自信起来，变得更好，更有价值。当你足够自信、独立之后，就不需要在乎别人的眼光，不会刻意迎合别人。一旦你不情愿答应别人的要求，就可以勇敢地说出自己的想法，甚至能够做到对别人的不满、抱怨视而不见。如此一来，自然就有了拒绝的勇气和能力。

很多时候，这种能力比其他技能更重要。没有拒绝的能力，会让你逐渐失去独立的分析能力和判断能力，只能被别人牵着走。这就意味着你失去了自我，没有了原则，甚至意味着把时间和生活的支配权交给了别人。相反，一旦具有了这个能力，你就会赢得宝贵的自我，变得越来越独立、自信、有勇气。

同时，拒绝他人也是一种应变的艺术，让你学会如何既成功地表达自己的思想，又顺利地维护与朋友、同事以及身边人的关系。这对于你处理人际关系、在社会中立足非常有帮助。

爱默生在《论自信》中说道："在每个人的生活中，他一定会在某个时期发现，羡慕就是无知，模仿就是自杀。不论好坏，他必须保持本色。虽然广大的宇宙之间充满了好的东西，可是除非他耕作那一块给他耕作的土地，否则他绝得不到好收成。他所有的能力，都是自然界的一种新能力。除了他之外，没有人知道他能做出些什么，知道些什么。而这都是他必须去尝试追求的。"

在这里，再次强调这句话：拒绝是一种能力，是一种善于说"不"、勇敢表达自我的能力。所以，想要更好地生活，你就应该掌握并提高拒绝的能力，让自己有勇气、有能力说"不"。

3. 过度说"是"，绝对是一个错误

很多人习惯说"是"，不善于拒绝别人，事实上，这绝对是一个错误。

可以说，习惯说"是"的人，通常是过于感性的人。也就是说，他的理性告诉自己"我应该拒绝"，可感情上却告诉自己："不，我应该答应他。"最后，在感性和理性的角逐中，感性占据了上风，且始终占据上风。

这样的人喜欢谈感情，怕因为自己的拒绝导致别人遭受太大的伤害。比如，闺蜜每天抱怨连连，理智告诉她："我不应该把时间浪费在听她的抱怨上，而且她的这些抱怨只是一些小事而已"，而感性却告诉她："如果我都不能倾听她，她还能找谁呢？""如果她真的想不开，怎么办？"

再如，同事求他帮忙解决一个难题，需要花费整整一个周末的时间，而他已经和妻子、孩子约好周末一起外出游玩。这时他就会说："我不帮他，他的麻烦就大了！或许会被老板骂惨，或许会因此丢了工作……"

这样的人不拒绝，还会因为拒绝产生愧疚感。比如，他会想："人家都已经主动请我帮忙了，我如果拒绝的话该多不好啊！多对不起人家的信任！""人家已经低下头求我了，我能帮就帮吧，要不怎么对得起人家呢！"

就是因为如此，这样的人总是让自己过度地说"是"，从不拒绝别人。实际上，他们不是不敢拒绝，或是不善于拒绝，而是过不了自己的感情这一关。

　　我曾经遇到的一个宝妈就是如此。她什么都愿意为家人、朋友做，只要别人提出要求，她就痛痛快快地答应帮忙。这个宝妈有一个弟弟，已经结婚生子，可每次遇到麻烦，就来找姐姐帮忙。"姐姐，我这个月工资花完了，你借我一些钱吧！""姐姐，我和小美（弟弟妻子）想要到海南度假，你帮我带几天小宝吧！""姐姐，小宝想吃你做的可乐鸡翅，我和小美都做不好，你们明天来我们家吧。"弟弟一家人都非常喜欢这个姐姐，而且在亲戚眼里，她也是最受欢迎的人。可是，她快乐吗？提到这件事情，这个宝妈苦笑着说："开始的时候，我丈夫还能够接受，因为这是我亲弟弟。可是时间长了，他就开始有意见了，我总是因为帮助弟弟和亲戚而忽视自己这个家。我总是对其他人有求必应，帮他们买东西，借他们钱，但是我们现在的生活并不富裕，生活压力也非常大。这也难怪老公会有意见。"我问她："你为什么不拒绝别人呢？是不好意思吗？"她回答说："是，也不全是。我和弟弟从小感情就非常好，各自结婚之后也没因此变淡。我怎能拒绝自己的弟弟呢？再说了，很多时候他都是没有办法才来找我的，我不能拒绝啊！""至于那些亲戚，我就是不好意思拒绝。人家找你来帮忙，就是没有把你当外人，如果拒绝他们，岂不是伤害了彼此的感情？再说了，我感情上也过不去啊！"看吧，这是一种多么可怕的心理。重感情是一个人的优点，可一旦<u>过</u>于重感情，时常让感情战胜理智，那就容易失去判断力和决策力，让自己做出不合时宜、没有分寸的事情。因为重感情，这个宝妈无法张口拒绝别人，哪怕她知道这个要求比较过分；因为重感情，她习惯了说"是"，引起丈夫的不满，增加了自己的家庭压力。这使得她的时间和资源几乎被耗尽，总是在紧张和疲劳的状态下生活，既无法做真正的自己，又无法更好地生活。

　　那么，如何改善过度说"是"的状态呢？

周国平在《情感和理智》中说过："人是情感动物，也是理智动物，二者不可缺一。在人类一切事业中，情感都是原动力，而理智则有时是制动器，有时是执行者。或者说，情感提供原材料，理智则做出取舍，进行加工。世界上绝不存在单凭理智就能够成就的事业。无论哪一领域的天才，都必是具有某种强烈情感的人。区别只在于，由于理智加工程度和方式的不同，对那作为原材料的情感，我们从其产品上或者容易认出，或者不容易认出罢了。"所以，我们应该让自己变得更理智一些，不能仅凭感情办事。理智地看待别人的要求和自己的能力，能帮助的时候就尽力帮助，不能帮助的时候就坚定地拒绝，不要让自己为难，也不要让对方任意索取，这样才能杜绝过度说"是"。再者，不要觉得你如果不帮忙，别人就死定了。事实上，很多事情并没有那么严重，别人的能力和承受力也没有那么差。更何况，即便他不能向你求助，还可以向别人求助。你为何苦苦支撑，让自己活得那么累呢？当然，更不要觉得拒绝对方就是对不起对方，这个世界上没有谁对不起谁，再说你又不是故意拒绝，又有什么内疚的呢？这只是你给自己背上的感情包袱，过不去自己心里那道坎儿而已。事实上，只要你能够说出自己的苦衷，给出正当的理由，很多人还是能够理解你的。至于那些不能理解你的人，他们都是对你没有感情的人，只是想要利用你，想要你无条件地付出。对于这样的人，你就更不用讲什么感情了！

总之，过度地说"是"，绝对是错误的行为，而且是认知上的一大错误。你需要明白，不管是对亲人的关爱，还是对朋友、同事的友爱，都应该建立在理智的基础上。一味地让情感支配自己，失去判断力和决策力，只知道付出却从不拒绝，只能让自己越来越痛苦。

所以，你要学会驾驭自己的感情，做一个理智爱和理智拒绝的聪明人！

4. 做好人，但不做烂好人

这个世界上，最令人讨厌的是哪一种人？坏人？不，不是坏人，而是烂好人！如果一个人是坏人，你还可以批评他、骂他、指责他。可是，对于烂好人，你却不能如此，因为他是一个好人，地地道道的好人——乐于助人、古道热肠、心甘情愿地为别人付出。可就是因为他这种"无私奉献"的精神，让你又爱又恨。他帮助别人，所以你不能骂他、指责他。但他任凭别人索取，即便自己的生活被弄得一塌糊涂，即便对方故意拿他当"傻子"，也不懂得拒绝，却又实在让人觉得可恨至极。

爱人的一个朋友，就是让我们这些好朋友又爱又恨的烂好人。为什么这么说呢？不妨先看看他做的这些"糟心事"吧！一次，这个朋友约我们吃饭，说最近签了一个大单子，请我们好好地吃一顿。这可是求之不得的事情。我们早早地就来到约好的饭店，可这人却左等不来、右等不来。开始的时候，我们以为他是因为堵车而迟到，便没有着急地催促。可足足过了一个小时，这个朋友还没有露面。爱人怕他出了什么事情，立即给他打电话，结果他在电话里说："不好意思，我刚要出门，就接到一个哥们儿的电话，说他女朋友从外地过来，让我和他到机场接一下。我现在正赶往机场呢，你们就自己吃饭吧，我以后有时间再请你们吃饭。"爱人一听这话，心里这个气啊，叹了一口气说："这个家伙，肯定是不好意思拒绝人家，给人家当免费司机了。算了吧，我们自己吃吧。"我们以为这件事情就这样结束了，可接下来却让我们恨不得打他一顿。过了一个多小时，朋友打过来电话说："你们吃完了吗？我现在已经回来了。"我们惊讶地说："怎么这么快就回来了？你去机场接人，再一起吃个饭，怎么也得10点多吧。"他吞吞吐吐地说："这哥们儿和女朋友好久没见，亲热得很，叫我直接把他们送回家了。"爱人生气地说："你这什么哥们儿。你大老远帮他接人，连饭都没有来得及吃，怎么不知道请你吃个饭啊。简单吃个面也好啊。"这下他更犹豫了。在我们的追问下，他才说那人是一起打网游的网友，之前只见过两次面。爱人想要好好骂他一顿，可看他这么可怜，始终张不开嘴。最后，还是我们把他叫到家里，给他煮了一碗热面条。还有一次，他走在大街上，看到一个衣衫褴褛的乞丐正在乞讨。他看这个人很可怜，就拿出钱包要给乞丐点儿钱，可只找到一个硬币。他拿出硬币，递给这个乞丐。谁知乞丐却说："你穿得这么好，条件肯定不错，怎么才给我一块钱？实在是太抠门儿了。这一块钱还不够我买一瓶水呢。"听了这话，他非常不好意思地说："对不起，我今天没有零钱了。"乞丐却指着他的钱包说："你的钱包不是有很多钱吗？这么多100元的，怎么不给我一张？"这个朋友竟然没有拒绝，拿出一张100元钱递给了那个乞丐。你以为乞丐会感激不已？不，乞丐得意扬扬地说："这回还差不多，做人怎么能那么小气呢。"看吧，明明是乞丐贪得无厌，没有教养和德行，可他却不拒绝，任凭对方毫不感恩地索取。直到最后，这个朋友都没有意识到自己的错误。每次我们让他拒绝的时候，他总是认为自己没做错，说自己这是乐于助人，只想做一个好人。你说这样的烂好人，是不是太令人生气了！

烂好人就是典型的软弱无能，没有原则，俨然有了一种心理疾病。朋友这样做，也并非全是为了讨好他人，只是一种思维已经根深蒂固，那就是把自己的付出当成理所应当的。在付出的过程中，他能够找到一种心理满足感和自我成就感，只有不断取悦他人，有求必应，才能觉得异常满足。与其说他是从帮助他人、为他人付出中得到快乐，不如说他是在自我满足中得到快乐的。在生活中，我们时常用这样一句话来形容那些苦苦追求爱情的人：你不是爱上她这个人，而是爱上了爱她的这种感觉，并且沉浸在这种感觉之中。事实上，烂好人也是这样的人，他们习惯了付出和迁就，习惯了满足所有人的要求，并且渐渐地对这种感觉产生依赖，越来越离不开它。有很多这样的烂好人，如电视剧《渴望》里的刘慧芳、现实中的丛飞。可是，烂好人往往也很难得到快乐，甚至会不得善终。

相信很多人对丛飞这个名字不陌生，他一生都在做好人、做好事，牺牲自己，牺牲家庭，可最后呢？自己年纪轻轻就因胃癌去世，而那些他曾经帮过的人，却连他的名字都不愿意提起。英国也有一个"丛飞"，她是一位著名慈善家，从16岁开始就倾其所有做好事，整整80年，从来没有中断过。她从来不拒绝任何人的求助，即便是退休后，年过九十，依旧如此。而很多求助的人都不曾感恩，有的甚至对她进行逼捐。最后，这位可敬的人，再也拿不出一分钱给别人，陷入绝望，跳桥自杀了。

丛飞和这位英国慈善家都是伟大的，但也是可悲的。他们已经超过我们能够承受的对于"好人"这个词的理解。

说到这里，我们应该明确一下，好人的含义究竟是什么？界限又应该在哪里？

要我说，好人可以做，助人也应该提倡。但是做好人，不是做毫无原则、底线的烂好人。好人可以付出，但不会一味地付出；好人要帮助他人，但不能讨好成瘾。最为关键的是，好人需要理智的拒绝，拒绝那些不知感恩的人、自私自利的人、不值得帮助的人。

知道了界限，我们便不会让自己成为一个烂好人！

5.　有心无力，就不要急着应承

中国有句古话叫："没有金刚钻，就别揽瓷器活儿。"意思是说，你若是没有这个能力，就不要随便应承别人。一旦你把别人的事情搞砸了，最后得到的恐怕不是感激，而是埋怨和指责，落个吃力不讨好的结果。换句话说，或许你是好心帮助别人，但不管这件事情是小是大，你都需要量力而行。这个忙，你有十足的把握，那可以主动应承下来，并且尽心尽力地办好。这才是真正的热心助人；但如果你并没有太大的把握，那切不可凭着一股子热心，一拍脑门子就应承下来。然而，在现实生活中，因为热心助人而大包大揽，应承自己能力范围之外事情的人，也是不胜枚举。他们明明没有做好某件事情的能力，却总是喜欢为自己揽事情，似乎自己可以解决所有事情。

A和B是大学同学，毕业后各自回到家乡发展。一日，A来到B所在的城市，与一家企业商谈合作的事情。可这家企业的老板态度非常强硬，A努力了很久，依旧没有找到突破口。两人吃饭的时候，A显然有些提不起精神，说自己这次恐怕是白跑了，费了半天劲也没有拿下这个项目。B听了之后，问道："你想要合作的企业到底是哪家？我是这里土生土长的人，人脉比你广多了，说不定能帮上忙呢？"A一听就来了精神，一拍大腿说："就是，我怎么没有想到呢！这个客户是XX企业，可是你们这里的龙头企业，你有认识的人吗？"B听了之后，想到自己的姐夫在那里做部门经理，可是职位不高，说话也没有什么分量，恐怕帮不了什么大忙。再说，姐夫这个人比较严肃、古板，平时最不喜欢人走后门，自己也没有把握能说动他。可自已已经在老同学面前夸下了海口，怎能反悔呢？于是，他豪爽地说："真是太巧了！我姐夫在那里做部门经理，肯定能帮上你的忙！这件事就包在我的身上，你就听我的好消息吧！"A一听兴奋极了，立即端起酒杯，说道："兄弟，我真是太感谢你了。这个项目我跟了半年了，一直没有什么进展。如果这次能够成功，我一定好好地感谢你和姐夫！来，我先敬你一杯！"B哈哈大笑说："咱们是什么关系，重谢就不用了！"诚如你猜想的那样，这事儿办起来非常困难。B的姐夫根本不愿意管这样的闲事，还把他好好地教训了一顿："你明知道我的职位低，说话分量不够，为什么还要答应别人。再说，这个项目对于公司来说异常重要，都是老总一个人拍板的，你以为走个后门就能搞定。快点儿，赶紧拒绝你那个同学，让人家想其他办法，不要耽误人家的大事。"B碰了钉子之后，想立即通知A这个消息，但是又碍于面子，只能往后拖。同时，他还想找其他关系，看看身边的亲戚朋友能不能帮上忙。可忙了好几天，也没有找到合适的人。几天后，他接到A的电话，只听电话那边急慌慌地说："老同学，这是怎么回事啊？我听说那个企业已经和另外一家公司签约了，你不是找你姐夫为我疏通了关系吗？为什么会这样？"直到这时，B才不得不说出实话，他吞吞吐吐地说："不好意思，老同学。我没有帮上忙，我姐夫说自己说不上话，后来我又想找其他人……"话还没说完，A就气愤地说："帮不上忙，你倒是早点儿说啊。我可以再想想办法，说不定还有一些机会呢？可是，你不和我说清楚，我就傻傻地等着了。你这人办事真的是太不行了！"B还想为自己争辩几句，可那边已经挂断了电话。他自己也没有想到，自己的好心却落得这个结果。其实，B是真心想要帮同学的，错就错在他明明有心无力，却还要大包大揽，主动把这件难事应承下来。遭到姐夫的拒绝和教训之后，他又没有向同学说明情况，而是自己一个人瞎忙乎。我相信，若是他能够把姐夫的话转述给同学，拒绝继续"帮忙"，A也不会埋怨、责怪他。毕竟谁的能力都是有限的，A又怎能埋怨热心帮助自己的人呢？

所以，我们不管做什么事情，都要有力所能及和力所不能及的概念。面对前者，我们要力求做到尽善尽美，把事情做到最好；而面对后者，也要尽自己最大的努力，力求超越，不留遗憾。但是，一旦发现自己真的无能为力之时，就要选择放弃，千万不要让自己陷入僵持的困境，否则只能让自己身心疲惫，还无法得到好的结果。助人也是如此。有句话说得好："求人要适可而止，帮人要量力而行。"不能量力而行，非要做自己力所不能及的事情，不是乐于助人，而是愚蠢至极。所以，遇到朋友、同事、亲戚有困难，你可以热心帮忙，给予正确的建议和积极的帮助。但若是你自己感到有心无力，那么就应该坚定地拒绝。

不要因为虚荣心作祟而喜欢大包大揽，更不要因为不好意思拒绝而勉强应承下来，否则就会让你陷入尴尬的境地。

6. 很多人不拒绝，是因为思维懒惰

看过日剧《请和废柴的我谈恋爱》的朋友都知道，女主角美知子是一个再普通不过的"废柴女"，她已年过三十，却没钱，没工作，没男朋友，彻底跌入人生的低谷。再次进入职场，她想要努力做好工作，实现自己的价值，过上更好的生活。事实正好相反，她的生活依旧非常累，因为她是一个不懂得拒绝的老好人，同事总是把各种事情推给她，而她也照单全收过来。每天她都要做很多额外的工作，忙到很晚才能下班，弄得自己非常辛苦。另外一个同事也劝她拒绝，不要再代替同事加班。"你为什么要为了做她的工作而加班呢？"可她始终无法说出口，默默地忍受着这一切。最后，男主角指出了她的问题，其实她并不是不敢拒绝，而是不想拒绝。她很懒惰，害怕与同事发生冲突，更懒得解决这种冲突。所以，当同事要求她替自己加班时，她就默默地承担下来。对于她来说，自己辛苦一些，多做一些，要比直面冲突、解决冲突更容易。简单来说，女主角美知子不拒绝，就是因为思维懒惰，她认为在别人提要求的时候，做事比解决问题和发生冲突省事多了。既然如此，自己为什么要费尽心思去拒绝，给自己惹麻烦呢？

事实上，生活中有很多这样思维懒惰的人，他们害怕与人发生冲突，害怕面对问题，更害怕费心费力地思考如何解决冲突和问题。所以为了省事，他们很少拒绝，宁愿委屈自己来满足别人。思维懒惰的人不愿意思考，对别人的意见会不加甄别地采取，放任自己的思维被引导。即便他明知道对方的意见不对，或是与自己的观点有出入，也

不会提出反对意见，而是选择赞同。在他的内心深处，会有这样的想法：如果我不同意他的意见，他会不会反驳我，会不会引起争论？我指出他的错误，会不会引起他的不满，会不会影响我们的关系？万一发生了争论和冲突，我应该怎么办？这肯定需要很多时间和精力来解决问题，更需要费尽心思缓解彼此的关系。这太麻烦了。我还是答应、赞同吧，这样就可以轻松地解决问题了。事实上，这就是典型的逃避性人格，因为怕麻烦而逃避，怕冲突而不拒绝。这样的人是能妥协就妥协，能忍忍就忍忍，因为省事最重要，哪怕自己吃点儿亏，劳累一些。

　　我认识的一个女人就是如此。她结婚三年多了，时常抱怨婆婆强势。婆婆总是喜欢对我们小家指手画脚，即便买个家用电器都随意干涉。自从有了孩子，她就更加过分了，孩子大大小小的事情，包括日常生活、教育问题都要插手，就连喝什么牌子的奶粉都要听她的指挥。她抱怨说："我好像失去了自我，成为被婆婆掌控的木偶！"有人问她："你为什么不拒绝啊？你们的生活凭什么要受婆婆的支配呢？"然而，她却说："还是算了吧，拒绝又能怎样，岂不是增加家庭矛盾？我婆婆强势惯了，一旦有人拒绝，她肯定会大大雷霆，甚至觉得我这个做媳妇的不孝顺。而且，我老公是单亲家庭，婆婆已经年纪大了，必须和我们生活在一起，因为这些小事而导致婆媳不和，这以后还怎么相处啊！"看吧！其实，她就是害怕和婆婆闹矛盾，懒得解决两人之间的冲突，所以果断地选择了妥协，从来不拒绝婆婆的要求。尽管她不甘心、不情愿，但是因为思维懒惰，只想着逃避。这样真的能解决问题吗？她就真的应该牺牲自己，冒着失去自我的危险，而一味地屈从吗？

　　答案肯定不是！

　　这个女人现在还不想拒绝，不想解决矛盾，是因为矛盾还没有积累到一定程度，尚在她能够忍受的限度之内。终有一天，她会再也无法忍受，到时恐怕会爆发更大的冲突。同时，失去自我更是异常可怕，它会让她习惯顺从，缺乏独立思考的能力、判断的能力，变成一个没有主见、思想的人。如此一来，她的生活就更难幸福了！

人们常说，一个人要拒绝懒惰，可要我说，我们最应该拒绝的就是思维懒惰。拒绝思维懒惰，你才能大胆地表达自己的想法，勇敢地说"不"。尽管这会引起很多冲突，但是直面冲突，你能找到自信、勇气，而解决冲突，让你可以坚持自己的观点，正视自己的需求，维护自己的利益。

更重要的是，你不拒绝，别人怎么知道你是不情愿的，怎能考虑你的感受？你拒绝了，说出自己的想法，这才能让别人知道你的重要性，并且懂得尊重你、重视你。

所以，没有必要为了省事而轻易放弃自己的想法和利益，也没有必要为了避免冲突而不敢说出拒绝的话语。

学会拒绝，尝试着让自己敢于拒绝，直面冲突，这才是真正有能力的人。当然，你还应该掌握拒绝的技巧，那就是态度温和却不妥协。

7. 拒绝他人的"好心"，做真正的自己

我们身边总是有很多"好心人"，为你介绍对象、张罗婚事，还好心地指点你如何教育孩子，如何找到更好的工作……面对这样的情形，很多人本能地想要拒绝，可不知道怎么拒绝。人家是好心好意帮你忙，你一旦拒绝了，岂不是撅了人家的面子？可不拒绝吧，这好心是对方强加给你的，你并不想要接受。况且，那些人的心是好的，建议却并不怎么合理。一位网友讲了这样一个故事：她生活在一个大家庭，有叔叔、伯伯、阿姨，还有很多表叔、表哥等亲戚。平时大家生活在一个城市，往来很频繁，关系比较亲密。可是其中一位表叔却时常让这位网友哭笑不得，因为他总是"好心"地帮他们这些小辈。这位网友的孩子还小，但她觉得孩子不能娇惯，应该学会自己动手。孩子学得非常快，很快就能够自己穿衣服、吃饭，有时还会帮助爸爸妈妈拿个菜、拎个书包。一天，她带着孩子到超市买东西，并且给孩子买了几样小零食。路上，她拿着大包，孩子拿着小包，慢悠悠地往家走。谁知半路上遇到这个表叔，他看见孩子拎着东西，惊讶地说："哎呀，孩子还这么小，你怎么能让孩子拿东西呢？"她笑着说："没有关系的，孩子能拿得动。"表叔一边摇头一边说道："怎么会拿得动？你们这些年轻人实在太粗心了，可不能让孩子拿太多东西，累坏了怎么办？"看着她也拿着一个大包，表叔说："你看，你怎么买那么多东西。我看你也拿不了太多了，不如我帮孩子拿着吧，然后再给你送回去。"

事实上，这位网友根本不是拿不动，而是锻炼孩子的自理能力，

希望培养孩子的责任心，让他知道为妈妈分担。可看到表叔这样热情，便不好再说什么了。路上，表叔并没有闲着，而是"好心地指导她如何带娃"，说到了冬天，给孩子不能穿太少，否则会被冻坏；现在孩子还这么小，不要总是想着让他学这学那，要不然多累啊……

虽然她不同意表叔的这些观点，也不喜欢别人在自己教育孩子上指指点点，但却不能大声地说："我的孩子我做主，我拒绝听你的建议。"只能陪着笑、附和着。

与她有同样感受的，还有几个没结婚的小堂弟、小堂妹。一到过年的时候，这个表叔就好心地关心这个、关心那个："你的工作怎么样了？年轻人可不要好高骛远。""你在北京混得怎样？为什么非要在外面漂着呢？我认识几个朋友，不如给你找个稳定的工作吧！""你已经快30岁了，应该找个人嫁了。我朋友有个儿子很不错，虽然只是高中学历，但人家家境不错……"

每到这时，堂弟、堂妹就只能苦笑着听表叔说话，然后迅速地躲得远远的。为什么会这样？

就是因为大家都知道表叔是好心，碍于情面而说不出拒绝的话，但他的好心却不是别人想要的。

人往往就是这样，很难拒绝别人的好心，比如父母、亲友、爱人。当别人"好心"帮助自己或是建议自己做某些事情时，即便这件事情违背自己的意愿，不符合自己的原则，也会勉为其难地迎合。我们总是怕辜负了对方的"好心"，令对方伤心。事实证明，这样做往往不能获得好的结果。你并非情愿地接受某件事情，会把对方的"好心"当作负累，如此一来，难免会心生抱怨。而对方呢？一旦知道你辜负了人家的"好心好意"，心里肯定不舒服，甚至埋怨道："既然你不同意我说的，为什么不早些拒绝呢？"这样一来，还不如一开始就拒绝别人。更关键的是，当你习惯不拒绝别人的"好心"，总是按照别人的建议去生活，就会慢慢地失去自己。有句话说得好，"我可以允许你指点，但不允许你对我的生活指指点点。"当你习惯不拒绝，那只能生活在别人的指指点点之下，生活就会变成别人希望的样子。然而，我们终究是自己人生的主宰，是怎样的人，过怎样的生活，都应该是自己说了算。所以，不管对方是谁，无论是真的出于好心，还是想要"指点"你的生活，你都应该大胆拒绝，做自己想做的、喜欢做的事情。

最后，我还想说，如果你无法拒绝别人的建议，无法拒绝别人强加给你的"好心"，那说明你的内心还不够强大，人格还不够独立。这时你需要不断改变和完善自己，让自己变得更自信、内心更强大，如此一来，你才能做好自己，过属于自己的幸福生活。

第二章 | 说"不"，
DIERZHANG | 也没有想象中那么难

别人根本没有那么重要，说"不"也没有你想象中的那么难。无法将拒绝说出口，则是我们将自己困住了，把"拒绝这件事"当作"拒绝这个人"。事实上，只要我们能做到婉转地表达，并不会伤害到自己与他人的情谊。

1.　先美言再拒绝，让拒绝有个缓冲期

漂亮话谁都爱听，它并不是虚伪，更不是奉承，而是一个非常重要的技能。和人打交道的时候，先说几句漂亮的话，不仅让人听着舒服，更可以赢得他人的喜欢和好感。尤其是拒绝的时候，如果我们能先赞美对方一番，让对方的心情变得愉悦起来，然后再说出拒绝的话，那么就会让拒绝有个缓冲，对方更容易接受。

闺蜜雅丽是一位都市白领，在职场上雷厉风行，做事干净利落，人也长得非常漂亮，用一句曾经流行的词来概括，那就是典型的"白骨精"。不过，和很多女白领一样，雅丽因为平时工作繁忙，没有时间谈恋爱，所以已经33岁了，依旧还是单身。这个问题对她来说并不算什么，她时常说："遇到有眼缘、能合得来的人，怎么可能那么容易？虽然我年纪不小了，但这并不是我将就的理由。"对于她这个观点，我们这些闺蜜都非常理解和赞同，可她周围的人就不这样认为了。这其中包括她的父母、亲戚，甚至是同事和客户。人人都觉得她老大不小了，应该早点儿结婚生子，于是很多人会有意无意地给她安排相亲。雅丽有一个长期合作的客户，是一位年长的叔叔，平时很欣赏她，并且把她当作"莫逆之交"。一天，这位叔叔打电话邀请雅丽到家里吃饭，雅丽以为老人家想和自己聊聊，便爽快地答应了。谁知到家里一看，除了这位叔叔和夫人，还坐着一个和自己年龄差不多的男士。这位男士西装革履，衣冠楚楚，一看就事业有成。雅丽一下子就明白了，原来叔叔想要给自己安排相亲。饭桌上，夫人笑着说："雅丽，这是我弟弟家的孩子，海归硕士，现在一家外企工作。

我觉得你们非常合适，不如就了解一下吧。再说，我非常喜欢你，把你当成了女儿，要是你们能结婚的话，我可要开心'死'了。"雅丽并不排斥这样的事情，也想进一步了解这位男士。可是经过一番交谈之后，她发现自己对他并没有好感，因为雅丽觉得对方总是居高临下，过于高傲。所以，雅丽当时就把他PASS（淘汰）掉了，只是没好意思直接说出来。过了几天，雅丽因为合作事宜来到这位叔叔的公司，谈完正事之后，叔叔笑着问道："雅丽，你觉得我夫人的侄子怎么样？要不要处一处？那小子对你还挺满意的，而且我也希望你们能成。"雅丽一听这话，想要直接拒绝，又害怕辜负老人家的一番好意。于是，她笑着说："叔叔，您看您这么忙还记得帮我介绍男朋友，我真是太感动了。我平时比较忙，都没有时间谈恋爱，亏得您这么关心我。"雅丽说完之后，叔叔继续问道："那你是怎么想的？觉得那小子怎样？"雅丽笑着说："叔叔，您夫人的侄子非常优秀，事业有成，长得也非常帅气。但是您也知道，我这个人事业心比较强，时常因为工作废寝忘食，而他也是事业型的男人，我担心我们两个'工作狂'在一起，没有人能照顾家庭啊。"她停顿了一下，继续说道："叔叔，我知道您非常喜欢我，所以才想要撮合我们。其实，即便我们不能成，我也可以做您的干女儿。有您这么关心我、喜欢我的长辈，我可是求之不得啊。"这位叔叔听了雅丽的话，哈哈大笑地说："就你会说话，好，我就认你这个干女儿了。"当然，这位叔叔也是聪明人，知道雅丽不喜欢夫人的侄子，于是便没有再提这件事情。虽然雅丽拒绝了这位叔叔的好意，可是他却没有任何不满，反而更加喜欢和关心雅丽了。之后，他不仅在工作上更加照顾雅丽，还真的把她当作女儿来看待。事后，我们都夸她聪明，是个会说话的"人精"。这是因为，她没有直接说："不好意思，我不喜欢他。""我觉得我们不合适，"而是一开始使劲地夸这位叔叔"喜欢我""关心我",夸那位男士"事业有成""长得帅气",把叔叔说得心情愉悦、高兴得不得了。然后,她再说两人都是事业型的,怕没有人照顾家庭,言外之意就是觉得对方不合适,拒绝了这个相亲对象。如此一来,这位叔叔怎能因为她的拒绝而感到不舒服呢?可见,在这个世界上,谁都不会拒绝美言。它总是可以麻痹人们的神经,给人带来一种飘飘然的感觉。所以,在拒绝他人的时候,我们完全没有必要担心得罪他人,怕对方生气和不舒服。只要我们借用美言的效果,自然就会轻松地解决问题。比如,朋友热情地邀请你一起吃饭,而你并不想去。如果你直接说"我不去了,今天不想动""我不想去,你自己去吧",这会让人觉得你"不知好歹"。接下来,对方恐怕就不愿意和你交往了,甚至觉得你是一个不好相处的人。可是如果你美言几句,在拒绝他之前先说一些漂亮的话,效果就会大不一样。你可以说,"亲爱的,还是你最好,出去吃饭都能想到我。不过,我今天有些不舒服……"或是,"你真是太厉害了,那个饭馆我向往很久了,非常想去品尝一下。可是我最近身体不舒服,没有这个口福,不如我改天再陪你吧。"这样的话,听起来是不是有不一样的感觉?如果你是那个朋友,会因为被拒绝而心生不快吗?当然不会。

　　先美言,再拒绝,让拒绝有个缓冲期。你会发现,其实拒绝并没有你想象中的那么难。

2. 为了让别人舒服一点儿,你可以找个借口

一说起借口,绝大部分人没有好的印象,因为它意味着欺骗、逃避。可有时候,我们也需要借口,为自己做一个"挡箭牌"。它可以成为你拒绝他人的媒介,替你巧妙地说"不",也可以让别人不会因为遭到拒绝而不舒服。

其实,只要找对了借口,你的拒绝就不会让人反感。

一次商业聚会上,几个同事陪客户聊着天儿、喝着酒,大家谈得不亦乐乎。这时,一位客户大声地喊道:"小张,你小子不仗义,我们大家都在喝酒,你怎能喝饮料呢? 不行,今天大家都得不醉不归,你快点儿把酒倒满,快点儿!"这下所有的人都尴尬地停下来,看着小张和那位客户,而领导的脸色也变得非常难看。要知道,这次合作对于公司来说非常重要,如果因为这小小的事情而惹怒客户,小张恐怕得吃不了兜着走。见客户如此说,小张立即恭敬地站起来,不好意思地说:"非常不好意思,各位领导。我今天实在是不敢喝酒了,媳妇和妈妈都下了命令,今年必须生个猴宝宝,所以我必须戒酒,否则媳妇就要和我闹离婚,妈妈也会把我扫地出门。各位领导,大家就请原谅我吧! 我这里以水代酒,先替孩子谢谢各位叔叔伯伯了。"一席话说完,大家都哈哈大笑起来,领导也笑着说:"原来是这样啊,咱们可不能耽误人家的人生大事。李总,今天您就原谅小张吧。"于是,大家开始打哈哈,那位客户也笑着说:"没关系,孩子最重要。"接下来,气氛又重新热烈、和谐起来,这位客户也没有任何不快,反而觉得小张是一个顾家庭、有责任感的男人。事后,我偷

偷地对小张说："你这个借口真是不错，既可以逃避喝酒，又没有引起领导和客户的不快。我真应该向你学习。"小张无奈地说："我这也是没有办法。"接着，小张说出自己的烦恼：他是个很随和的人，脾气好，喜欢帮助别人，所以如果谁请他跑个腿、帮个忙，他都会非常痛快地答应。如此一来，朋友越来越多，应酬也越来越多，很多朋友一有聚会就会带着他，就连领导招待客户都会带着他，让他陪着客户喝酒。我们都知道，年轻人应酬最主要的内容便是吃饭喝酒，不醉不归。可小张并不喜欢这样的场合，他比较喜欢窝在家里，看看书，或是看看球。更重要的是，妻子非常讨厌小张喝酒，抱怨他整天不着家，每次都醉醺醺的。一次，朋友又邀请小张吃饭喝酒，他不好意思拒绝，只能硬着头皮去了。到了饭桌上，他突然想到一个借口，说："不好意思，现在老人催着要孩子，我也老大不小了，所以从现在开始备孕，不得不戒酒了。"结果，朋友们不仅没有生气，还非常理解和支持他。于是，从那之后，小张就拿这个当借口，拒绝别人的劝酒和邀约。久而久之，朋友和同事也不再招呼他喝酒了。

　　灵机一动，找个借口就能帮助自己解开难题，从而巧妙地拒绝，这就是说话的智慧。小张就是一个有智慧的人，当他不愿意喝酒，或是不愿意应酬的时候，聪明地用"准备要孩子"这个理由来拒绝，所以赢得了别人的理解和原谅。事实上，很多男士也非常聪明。当别人殷勤地劝酒时，他们会把家人当作挡箭牌，说："出门夫人有交代，少喝酒多吃菜，少端杯多拿筷，喝不了站起来，喝多了门不开。"哪个人愿意承担使别人夫妻关系恶化的责任呢？或是"不好意思，我今天开车了，不能喝酒。"又有哪个人会勉强开车的人喝酒呢？这些借口都是很好的"挡箭牌"，自然比"我不会喝"有力得多。而这种"挡箭牌"非常多，就看你是否能够找到。正如三毛说的那样："不要害怕拒绝他人，如果自己的理由出于正当。当一个人开口提出要求的时候，他的心里根本预备好了两种答案。所以，给他任何一个其中的答案，都是意料中的。"可以说，只要你能够找对借口，让自己的话合情合理，就可以达到拒绝别人的目的，又可以让别人听得舒服。

我们避免不了拒绝的发生，却可以在拒绝时巧妙地找到自己的"挡箭牌"，从而避免因为拒绝而让人不舒服，甚至是树敌。大胆地找一个合情合理的借口，说出自己的拒绝，这才是聪明的选择。当然，找借口拒绝别人的时候，借口也要实在、真实，这样才能让别人听着舒服，减少拒绝别人所带来的尴尬。比如在舞场上，别人好意邀请你，而你实在不想跟他跳，就可以用"我累了，想休息一下"，而不是明明刚刚跳完一曲却随意地说："对不起，我不会跳舞。"这样一来，你的拒绝伤及别人的自尊心，又怎能获得别人的谅解呢？同时，拒绝的借口要找得周密、合理，不能弄巧成拙，太过虚假，否则别人不仅会因为你的拒绝而恼怒，更会因为你的欺骗而记恨。

3. 幽默打底，冲淡拒绝的"苦涩"

一位朋友非常幽默，记得曾和她参加过一个饭局，参与者有彼此熟识的人，也有仅仅只是认识的人。饭桌上，一位不太相熟的朋友滔滔不绝地谈论起自己的男朋友，说他如何优秀、事业有成，还问朋友结婚了没有，有没有男朋友。朋友刚刚失恋，还没有走出情伤，几位交好的朋友都知道这个情况，但是又不好直接打断这个人的谈话，只能数次转移话题。可惜，这个人好像非常执着，依旧滔滔不绝地说着，甚至笑眯眯地问朋友："你到底有没有男朋友？我男朋友认识很多条件不错的人，事业有成，又年轻帅气，不如我给你介绍一个吧。"这时，朋友自嘲地笑了笑说道："我哪有这种福气。我每天加班'累成狗'，熬得就像黄脸婆，我怕把你那些朋友都吓跑了。"她这话刚说完，朋友们就笑了起来。另一朋友笑着说："你还是'黄脸婆'，那我岂不是老太婆了。""就是！就是！"……在大家的打岔下，那个人不再继续谈这个话题了。说实在的，朋友实在不愿意别人对自己指指点点，更不愿意别人干涉自己的感情，更别说介绍男朋友了。可她知道，那个人是真诚的，在炫耀自己的同时也想要帮助她，一旦她"不识好歹"，直接拒绝，很可能让这个场面陷入尴尬。所以，她幽默地自嘲了一番，既让对方明白自己的拒绝，又活跃了气氛。

很多时候，有些事情是我们想做却做不到的，有些事情是我们能做却不愿意去做的，这种情况下，拒绝就无法避免了。可我们又不愿意得罪他人，想要给人留下一个好印象，这样，我们在说话的时候就要注意说话技巧，避免让拒绝那么"苦涩"，令人难以接受。事实上，这种方式非常有效。没有人会拒绝一个幽默的人，也没有人会因为幽默的拒绝而心生不快。不用怀疑，幽默的语言真的具有这样神奇的效果。它可以让我们的话变得不那么直白，让拒绝的话题变得轻松很多，从而冲淡拒绝的"苦涩"。如果不信的话，请看看钱锺书先生的故事。钱锺书先生学贯中西，博学多才，他的长篇小说《围城》和学术巨著《管锥篇》享誉海内外，受到很多读者的喜欢和追捧。可钱先生一生淡泊名利，不喜欢和人交友攀谈，即便有人慕名拜访，他通常也是婉言谢绝。但是钱先生知道，如果自己把拒绝的话说得太直白、太强硬，难免会让别人感到不舒服，面子受到损伤。恰逢钱锺书先生是一位幽默风趣的人，每一次他都会用幽默而机敏的方式来拒绝他人。一次，一位旅居美国多年的女士读了钱先生的《围城》之后，深深地被作品吸引，并且想要见先生一面。于是，这位女士通过各种渠道拿到先生的电话，在电话中，她殷切地表达了自己的愿望。听了这位女士的话，钱先生笑着说："女士，我很高兴您能喜欢我的作品。可是，如果您吃了一个鸡蛋，觉得味道非常好，难道您就非要见那个下蛋的母鸡吗？"看吧！钱先生将幽默和智慧发挥到了极致。他用一个生动而形象的比喻，委婉又诙谐地谢绝了这位女士提出的诉求，不仅表达了自己的拒绝，又没有直接伤害到这位女士，可以说是把拒绝的理由说得恰到好处。这位女士虽然遭到钱锺书先生的拒绝，却没有任何不快，反而被先生的幽默和智慧所打动，自然就不再强求了。

可见，同样是拒绝，利用幽默诙谐的语言来拒绝，显然是一种不错的方式。它给对方带来的感受是不一样的，就是因为它多了一些委婉，少了一些直接，所以不至于让对方感到太过痛苦或反感；也因为它多了一些幽默，少了一些严肃生硬，所以不至于让对方下不来台，还可能会会心一笑，感受到幽默语言的轻松和乐趣。

当然，制造幽默的方式很多，钱锺书先生运用形象的比喻，把自己比喻成"母鸡"，把作品比喻成"鸡蛋"，这就起到了很好的效果。同时，我们还可以利用自嘲的方式来拒绝。

著名剧作家萧伯纳就是一位幽默、智慧的人，他总是能够运用幽默的语言来拒绝别人，并且还不让彼此陷入尴尬的境地。

英国一位美貌风流的女演员非常崇拜萧伯纳的才华，希望能够和萧伯纳在一起。她觉得自己出身高贵，年轻貌美，而萧伯纳虽有才华，却有些年老丑陋，所以自己足可以配得上萧伯纳。

一次宴会上，这位女演员和萧伯纳相遇了，她非常自信地说："萧伯纳先生，我非常崇拜您。如果我们能够在一起，你的才华加上我的美貌，我相信我们的孩子一定是最有优秀、最有才华的！"

听了这位女士的话，萧伯纳笑着说："您说得没错，女士！不过，我有些担心，如果这个孩子继承了我的相貌和你的才华，又该怎么办呢？"

这位女士先是愣了一下，然后就明白了萧伯纳的言外之意。虽然她知道自己遭到了拒绝，可是并没有因此怀恨在心，反而觉得他非常幽默、绅士，没有让自己当众出丑。从此，这位女演员更加崇拜敬重萧伯纳，成为了他的忠实读者。

钱锺书和萧伯纳都是聪明的谈话高手，他们善于运用幽默的语言拒绝别人，也会使得拒绝的话显得不那么苦涩，更容易让人愉快地接受。若是你也有拒绝的烦恼，不妨学习下这两位大师的说话艺术吧！

4. 拒绝只对事，不对人

拒绝，往往是一件伤人的事。事实上，很多人是这样认为的，只要一遭到拒绝，就会把它当作别人对自己的否定、伤害，还会产生羞辱感。这是因为，他们没有把别人的拒绝这件事本身和当事人区分开。他们抱怨别人拒绝自己、伤害自己，就是错误地认为别人拒绝的是他这个人，而不是他所要求的事情。

正因如此，作为拒绝的一方，我们更应该明确一个原则，那就是拒绝只应该对事件本身，而不是针对求你帮忙的人或是对你提要求的人。我们应该让对方明白，"这事儿我帮不了你"和"我不帮你"是两个不同的概念；"我不帮你，不是我对你有意见"，而是"我确实我无能为力"，或是"你提的要求确实无理"。

只要让对方白这一点，我们的拒绝就会轻松很多，既能让自己摆脱麻烦，又能让对方容易接受。

程东是一名普通的交警，平时的任务就是在路上执勤、指挥交通。可是，很多亲戚朋友觉得他"神通广大"，一遇到车辆违规的事情就想要找他帮忙解决。有的人甚至通过各种关系找他，想要消除自己的违规记录。

一天，程东接到一个电话，是一个远方亲戚打来的，而且非常客气和热情。他想：这个亲戚与自己的关系非常远，平时都不常联系，为什么给自己打电话呢？果然，寒暄了几句之后，亲戚说出自己的目的，原来这个亲戚的客户前几天违章了，之前已经被扣除了9分，一旦再被扣分，恐怕就有被扣留驾照的危险。那个客户非常着急，到处找人帮忙，想要免于处罚。为了讨好这个客户，这个亲戚随口答应下来，说自己一定能帮他解决问题。亲戚在电话中说："东子啊，这个客户对我来说非常重要，我们公司一半的业务都掌握在他手里。一旦我办不好这件事情，不仅得罪了客户，还得罪了老板。你可一定要帮我这个忙。"一听这话，程东想义正言词地拒绝，说自己不能做违反纪律的事情。可转念一想，如果自己说话太直，亲戚就会觉得自己摆架子，不给他面子。于是，程东真诚地说："你看，我们是亲戚，那客户对你又那么重要，我理应帮你这个忙，我内心也是非常想要帮你的。"亲戚刚要说什么，程东立即说道："可这事我真的帮不了。不仅仅是你，就是我父亲来找我，我也只能说爱莫能助。"亲戚着急地说："这些事情不都是你们交通部门管吗？只要你说句话，人家肯定能给你这个面子。怎么就帮不了？"程东耐心地解释说："你先不要着急，慢慢听我解释。我们交警是执法者，对违法车辆进行处罚，就是按照法律法规办事。不管是谁，只要有违章行为，我们就必须做出处罚，没有什么人情可讲。而且，你那客户的分已经被扣除了，当时就被录入电脑系统，任何人都没有权限进行修改。我不是不想帮助你，而是实在无能为力！"亲戚一听，情绪立即变得消沉，问道："难道就真的没有办法了吗？"程东说："要是有办法的话，我还能不帮你吗？"最后，亲戚见程东如此为难，就再也没有说什么。程东的拒绝是成功的，既坚持了自己的原则，又没有得罪亲戚。就是因为他讲究说话的技巧，让亲戚明白自己的拒绝并不是针对他，不是不给他面子，而仅仅是针对这件事情本身。"因为我是交警，必须遵守法律法规，所以不能帮忙解决这件事情""分已经被扣除了，录入了电脑系统，所以我也无能为力"。

　　对事不对人，简单的五个字，可真正能做到的人却很少。著名记者闾丘露薇说过："如果觉得一种行为不对，那就批评这种行为本身和当事人本身，如果某种行为多了，那需要科学的研究，才有可能得出一种结论，是不是已经足够形成一种社会现象。动不动给一群人贴上标签，那是一种偷懒的思维方式。"

很多人就有偷懒的思维，只不过他们不是给别人贴标签，而是用简单的思维处理问题。不管是亲戚还是朋友，是同事还是同学，遇到无能为力的时候，就简单直接地说出："不，我做不到""不，我不能答应你"……

或许他们觉得这样的拒绝没有什么，但是却让对方产生这样的错觉——你的拒绝是针对我，是对我有意见。要知道，任何人都想听好听的话，而不愿意听批评拒绝，一旦听到这样的话，就难免把它当作对自己的否定。

同时，很多人害怕拒绝，就是因为他们自己也混淆了拒绝的是事还是人，总是担心："如果拒绝了，会不会得罪人？会不会连朋友都没得做？"

试想，拒绝的时候，你只针对事件本身，从来没有想过驳对方的面子，也没有刻意为难对方，对方怎能心怀不满和怨恨呢？

所以，我们要坚持自己的原则，该拒绝的时候拒绝，但也要把拒绝的理由说得漂亮。多换位思考，让对方知道我们的拒绝真的是对事不对人，就不会得罪对方了。同时，我们还要让对方看到自己的真诚，了解自己拒绝的真正原因，而不是毫无缘由地推脱。

只有把事情摊开说、说清楚，才能赢得对方的理解。

5. 善意的谎言，减少拒绝的伤害

拒绝别人的时候，学会说一些善意的谎言，是非常有必要的。善意的谎言不仅可以减少不必要的伤害，还能起到非常好的效果。它是一种说话的艺术，更是一种为人的智慧。比如，朋友请你到家里做客，说要为你下厨做一桌子菜。不巧的是，你觉得这个朋友手艺真的不算好，平时擅长的菜也都不是你喜欢吃的。这时你就不能直言不讳地拒绝，说："你的手艺真的不怎样，你做的那些菜，我都不喜欢吃，我就不去了。"这样说话的后果，恐怕会让你失去这个朋友，甚至招来怨恨。试想，谁愿意和这样不识好歹的人交往呢？如果你换一种说法，说出善意的谎言，"亲爱的，真是太感谢你了。我非常喜欢吃你做的菜，可是我没这个口福，最近生病了，医生嘱咐说不能吃太油腻的。"或是说："真是太不巧了，今天我们领导叫我加班……"如果你想和朋友聚聚，也可以这样说："我们聚会就是想要一起聊聊天儿，回家做饭实在太麻烦了，不如我们到外面吃吧。我知道最近XX新开了一家火锅店，我们一边吃一边聊，你说呢？"

相信，所有人都觉得后面这些拒绝更好一些。因为直言不讳，会让朋友陷入尴尬，甚至伤害到对方的感情。朋友热情地邀请你吃饭，你即便不想去、不喜欢这样的饭菜，也不应该说出伤人的话语。这不仅仅是说话直的问题，更是不尊重人的体现。后者虽然是谎言，但说明说话者的内心是善良的，既能达到自己的目的，还能让对方也开心地接受拒绝。

善意的谎言，有时候多说说非常必要，尤其是拒绝的时候。很多时候，面对异性的追求，有些人也喜欢利用善意的谎言，比如会说："对不起，我已经有男朋友了，不能接受你的追求。"而不是说："我不喜欢你，你太丑了。"或是"我条件这么好，你这个穷小子怎能配得上我？"再如，谈了一段时间的恋爱，女方觉得男方不适合自己，会找个理由说："我觉得我们在性格上不太合适，还是结束吧。"而不是说："你这个人缺点太多，比如懒惰、没上进心……"虽然前者是谎言，但是它维护了男士的自尊心，让两人能体面地分开，不至于之后见面如仇人一般。其实，说得明白点儿，利用善意的谎言拒绝别人就是给别人一个台阶下，让彼此的关系不至于变得那么尴尬。如果对方是聪明人，看破了你的谎言，恐怕也不会当场戳穿。因为他知道你是为他着想，是好心给他台阶下。所以，善意的谎言能够给彼此带来愉快的结果，我们又为什么直愣愣地拒绝人家，给别人难堪，让自己招人厌呢？

　　可生活中，就是有些人不懂得这个道理，我认识的一个朋友就是如此。这个朋友总是标榜自己真诚、诚实，不善于说谎话，觉得那些说善意谎言的人都是虚伪、做作的。别人和她谈什么事情，或是对她提什么要求，她总是一句话就把别人堵死，只顾着把自己的想法说出来，完全不顾及别人。一次，一个朋友说："听说某商场新开了一家西餐店，我们一起去试试吧。"她立即不屑地说："我才不去呢，西餐有什么好吃的，又贵又不实惠。我宁愿在家吃家常菜，你就是崇洋媚外，想要假装过什么小资生活。"这个朋友听了她的话，脸色变得通红，说道："你不去就不去，为什么说话这么难听？"她则自以为是地说："我就是这样的人，说话直，但说的都是实话，可不会说什么谎话。"之后，这个朋友再也不愿意她和交往，只要有她在的场合，就打死也不出席。还有一次，她说一个同事想借她的电动车，给一个客户送一些重要资料。她竟然怼人家说："你不会打车去吗？我这电动车是新买的，发生剐蹭怎么办？"我惊讶地说："你就是这样拒绝同事的？"她说："是啊！我本来就挺心疼新车的，不舍得借给她，只是实话实说而已。不过，这同事也挺小气的，气呼呼地就走了，之后再也不愿意理我了。"我听了摇摇头，心想人家愿意理你才怪。其实，这个朋友心倒是不坏，就是说话常常不经过大脑，想说什么就说什么，拒绝别人更是毫不留情。别人都不愿意理她的时候，她又不解地说："我实话实说，怎么了？这些人真是计较。"可是，她却不反省一下，凭什么别人就应该被你怼呢？

这个世界上，小孩子最不善说谎，因为他们天真，思维简单。你给他一个苹果，他不想吃，就会直接拒绝："不，我不要吃苹果。"但是大人的世界就复杂很多，你可以说："谢谢，我牙疼，今天不能吃苹果。"大人之所以这样说，是因为我们已经懂得为别人着想，知道怎样拒绝别人才不会让对方伤心、尴尬、不快。而且，善意的谎言并不是让自己说违心的话，而是让自己懂得换位思考。简单来说就是，做事之前，我们应该从别人的角度思考问题，考虑别人的情绪和感受，顾及别人的利益。在说出拒绝的话语之前，我们应该考虑一下，"如果我这样做了，会不会伤害到别人？""如果别人也这样对我，我会有怎样的感受？"

我们应该记住，拒绝的目的不是为难对方，也不是让对方下不来台。明白了这一点，说一些善意的谎言，减少拒绝带给对方的伤害，岂不是更明智？

6. 用词委婉，但态度一定要坚决

我们一直强调，拒绝的时候用词一定要委婉，避免直言直语、恶语相向。谈话本来就是一门学问，拒绝的话说好了，就会让对方感觉到如沐春风，使得双方关系更加亲密、和谐。

但是，一味地用词委婉也会出现一个问题：如果对方一直得不到你的拒绝，或是听懂了你的拒绝，而故意装作听不懂呢？这时，你之前的努力岂不是白费了？岂不是要忍受对方三番两次的纠缠？

所以，在拒绝他人的时候，用词委婉是必要的，但一定要注意，前提是态度要坚决，明确地表示自己的拒绝。只有用词委婉，你的拒绝才不会伤害到人，而只有态度坚决，你的拒绝目的才能达到。

然而，现实生活中，很多人为了不得罪人，或是维护自己的面子，总是无法明确地表达自己的拒绝，说话绕来绕去，含蓄而又模糊。他以为自己表达了拒绝，可对方却从话语中看到希望，于是便继续进行劝说，希望能够得到他的帮助。最后，他不耐烦了，只能直接生硬地拒绝，却使得对方产生心理落差，抱怨道："既然你想要拒绝，为什么不早说呢，这不是浪费我的时间吗？"

丁晓最近就因为用词过于委婉，态度模糊不清，而得罪了一个亲戚。

丁晓是一个新妈妈，刚生了一个可爱的宝宝。我们都知道，现在宝宝需要纸尿裤之类的婴儿用品，而妈妈们也希望宝宝能够舒适地睡觉，自己晚上少起夜，多休息一下。丁晓也不例外，自从宝宝出生后，就不断寻找舒适实用的纸尿裤。

恰巧，一位亲戚和她联系，说自己正在做微商，主要销售母婴用品。这位亲戚热情地说："丁晓，我听说你刚生了宝宝，肯定需要买纸尿裤。我们的产品非常不错，你可以给宝宝试试。"

丁晓觉得亲戚既然做这个生意，而自己正需要这样的产品，就不如从亲戚那里购买。这样一来，既可以照顾亲戚生意，又省掉自己的麻烦，岂不是一举两得？于是，她便说道："好的，我了解一下，有需要就找你。"

可丈夫回来之后，却说现在很多微商卖的都是"三无"产品，没有质量保障，你还是查一下那个品牌的纸尿裤吧？果然，丁晓在网上没有查到该品牌的相关信息，虽然不能确定它就是"三无"产品，可还是让她有些顾虑。她觉得自己不能拿宝宝的身体健康打赌，便决定拒绝亲戚的推荐。

过了不久，那亲戚来了电话，"丁晓，你了解我们的产品了吗？它都是纯天然的，对宝宝有很好的保护作用，很多宝妈都从我这里拿货。你看看，你是不是也试一下？"

丁晓不好意思直接拒绝，便委婉地说："我家宝宝还太小，婆婆说现在最好不用纸尿裤……"

她还没有说完，亲戚就说："那都是老人的传统思想了，你不会也觉得正确吧？你想想，尿布的吸水性不好，孩子多不舒服。而且，洗尿布也是一件麻烦事。现在绝大部分人都使用纸尿裤，对宝宝好，对宝妈也好！"

丁晓犹豫着说："是的，我也知道纸尿裤对宝宝好。不过，现在纸尿裤的品牌这么多，我不知道哪种产品质量好，哪种产品质量不好。"

亲戚继续说："你放心吧！我们公司的产品非常适合小宝宝，还有非常好的优惠政策。而且，咱们都是实在亲戚，我可以给你更多的优惠。"亲戚如此热情，丁晓有些招架不住，她只好说："我到网上查询了一下，好像没有看到你们公司相关产品的信息……"她以为自己这样说，亲戚就会知道自己的拒绝之意，可亲戚却说："你放心吧，我们的产品质量绝对合格，因为是网络直销，所以网上没有相关宣传。""那些所谓的大品牌和我们的产品差不多，只是他们的产品宣传多，而我们把精力全部放在产品上……"听亲戚依旧滔滔不绝地说着，丁晓只能收起之前委婉的态度，直截了当地说："对不起，我真的不能买你的产品……"亲戚听了这话，立即生气地喊道："你之前不是一直说考虑吗？现在又说不买，这是什么意思？你是在耍我吗？既然你不想买，为什么不早点儿明确地拒绝，我的时间也很宝贵，好吗？真是太气人了。"丁晓刚想要解释，可那亲戚"啪"的一声就挂断了电话，想必心里肯定在骂丁晓不仗义、不地道。为这事，丁晓心里难过了很久。可这一切都是她自己造成的。在这件事情上，丁晓处理得确实不够漂亮。如果她一开始就态度坚定地拒绝对方，就不会有这么多后续的烦恼，更不会得罪亲戚了。在亲戚为她推荐纸尿裤的时候，她念及亲戚之间的情谊，说："需要了解一下，有需要再找她"，这本无可厚非。可之后她已经打算要拒绝，却因为不好意思说"不"，总是委婉地找借口，说什么"婆婆不同意用纸尿裤""产品质量""网上信息"等，所以对方才没有真正领会到她的拒绝之意。或许对方已经知道了她的拒绝，但是她模糊的态度、委婉的用词，让对方觉得自己还有机会，所以才没有轻易放弃。正因如此，那位亲戚遭到最后拒绝之时才会恼羞成怒，觉得丁晓是在耍自己，浪费自己的时间。这是因为丁晓给了对方希望，却又亲手把对方的希望浇灭，这种心理落差让对方更难接受丁晓的拒绝。所以，面对别人的要求，如果你没有意愿就应该明确地拒绝，可以做到用词委婉，但必须态度坚决，而不是过于委婉、模棱两可。

那么，如何做到用词委婉、态度坚决呢？这里，我们可以学习一些小技巧。首先，不要立即拒绝，这样会让人觉得你是冷漠无情的人，甚至觉得你对他有意见而故意针对他。当然，拒绝的时候，语气不要过于严峻，给人毫无通融余地的感觉，这会让人感到难堪，对你心生抱怨和怨恨。态度坚决，并不代表表情冷漠、生硬而又冷酷，温柔而又微笑地说出拒绝，效果将更好。其次，最好的拒绝就是简单、清晰地把拒绝的意思表达出来，尽量不要找太多虚假的借口，借口多了，就会引起对方的反感，同时显示你的不真诚；说话不要模棱两可，给对方希望，或是让对方觉得有商量的余地，否则只能让自己陷入困境。

总之，拒绝的时候，态度要好，但也要坚决；用词要委婉，但不可模棱两可。这样的拒绝，才是最有效、最有智慧的。

7.　在拒绝之外，为对方找到替代方案

直截了当地说"不"，对于很多人来说，确实非常困难，所以每个人都希望能够找到合适的方法，给出一个合乎对方期望的回答，以便能够让对方更容易地接受。其实，在拒绝之外，若是能够为对方找到合适的替代方法，帮助对方解决目前的困境，对方不仅不会因为你的拒绝而恼怒，反而还会感激不已。

有一位著名的演说家，工作非常繁忙，不得不拒绝来自朋友、客户的演说邀请。可被他拒绝的人却对他非常满意，还依旧喜欢他、信任他。为什么呢？就是因为他不是简单地拒绝，直截了当地说"不"，而是在感谢人家的邀请和因无法接受而感到抱歉之后，还时常推荐其他人选。一次，一个机构盛情邀请这位演说家进行演说，他不好意思地说："实在抱歉，我那天非常忙，实在抽不出时间为您进行演讲。不过，我可以为你推荐一个更合适的人选。这人同样是著名的演说家，而且对心理学有更深的研究，我觉得他比我更适合。你觉得如何呢？若是你没有意见，我可以让秘书帮你联系……"试问他如此为对方着想，真诚地对待他人，对方又怎会因为他的拒绝而不满呢？

很多时候，当一个人对于别人的请求无法给予帮助的时候，通常会选择直接拒绝，然后就理所当然地放手不管。这样的行为显然是错误的，会让别人感到很难过。善于拒绝的人，在拒绝之外依旧会不断跟进，不时地关注对方，希望能给予其他帮助。我们时常说，"话不要说尽，事不要做绝，凡事须留三分余地"。拒绝他人的时候，我们

的语言越是生硬，态度越是冰冷，对方的抱怨就越严重，心中就越有芥蒂。相反，若是我们能够为对方着想，并且帮助对方解决了难题，我们的回绝就会让对方好接受很多，说出这个"不"字也会更轻松、简单很多。况且，"三十年河东，三十年河西"，今天别人有事情求我们，说不定我们在明天、后天也有求别人的地方。真的到那一天，当我们站在对方的位置，就会理解对方的心情。所以，拒绝他人的时候，一定要给对方留些余地，设身处地地为他人着想。就算你真的无法帮忙，也可以给出对方一些建设性意见，或是给对方找到替代方案。在你为对方开一扇窗的时候，对方即使被我们回绝，仍然会念我们的情谊，双方的关系非但不会破裂，反而会更加紧密。

李琦和方乐是十几年的朋友，两人从小玩到大，关系非常好。一天，李琦愁眉苦脸地来找方乐，说自己遇到了困难，让方乐一定要帮助他，要不他这辈子肯定就完了。听了李琦的话，方乐吓坏了，立即向他了解事情的来龙去脉。原来，李琦昨天晚上和几个朋友到大排档喝酒，和几个人争执起来，发生了激烈的争吵。借着酒劲，李琦竟然把一个人的牙齿给打掉了。事情一发生，所有人的酒都醒了。在双方的协调下，人家答应私了，但是要求赔偿5万元钱，否则就报警。要知道把人家牙齿打掉，已经算是轻微伤了，属于违法行为。一旦报警，李琦肯定要接受行政处罚，对他以后的前途肯定有影响。李琦着急地说："我哪里有5万块钱！现在东拼西凑才凑齐3万元，哥们儿，你帮帮我吧！"方乐听李琦这样说，想要帮助李琦渡过难关。可事实是，他手里也只有几千元钱而已，之前买车把积蓄都花光了。思前想后，方乐说："你现在知道自己错了，对吧？"李琦握着拳头说："当然，我真后悔自己的冲动，再也不会犯这样的错误了。"方乐继续说："那你们的赔偿问题，是经过律师处理的吗？"李琦愣住了，然后说："没有，我们都决定私了了，还动用律师干什么？"方乐说："我觉得私了最好也经过律师，双方签订一个协议，确定赔偿款项。这样一来，对方才不会继续找你麻烦。再说，律师对于这种事情比较熟悉，懂得该赔偿多少。"方乐说完，李琦想了好半天，也赞同这样的说法。方乐继续说："我一朋友是律师，我们可以先咨询一下，并且请他与对方商谈。如果真的需要赔偿那么多钱，我会想办法给你凑齐的。"李琦接受了方乐的意见，请他那位律师朋友和对方进行商谈，最后只赔偿了不到2万元钱。李琦求方乐帮助，借钱赔偿被打伤的一方，若是方乐一开始就直接拒绝，恐怕李琦会认为方乐不讲义气，"见此不救"，最终分道扬镳。所以，方乐并没有直接拒绝，而是耐心地帮助李琦分析问题，力图让李琦用合理的赔偿来解决问题。同时，他还引荐了一位律师朋友，既可以避免对方多索求赔偿，又可以圆满地解决问题。所以，虽然方乐没有借钱给李琦，可两人的关系更加密切了。

所以，拒绝很简单，也并不简单。在拒绝之外，我们还需要做很多事情，比如安慰对方的情绪，为对方提出合理性建议，找到替代方案等。这样的行为让我们的拒绝不再显得无情，也让对方知晓我们并非不想帮助他，甚至完全撒手不理。对于被拒绝者来说，这样的关心和帮助非常珍贵，足以抵消拒绝所带来的伤害。很多时候，我们都希望身边的人对自己真心，能够为自己着想。但若是我们总是要求别人如何做，却不去想自己要如何做，便无法赢得别人的真心，也没有权利要求别人如何做。所以，不妨多站在对方的立场，最好是为对方想好了替代方案或是合理化建议。如此一来，你的拒绝才显得更具人情味，无形中将会增加你的人格魅力。

8. 拒绝他人，坚定地说出你的原则

　　很多时候，力图满足所有人的要求，或是勉为其难地接受自己无法解决的事情，不断地破坏自己的原则，并不能因此得到预期结果，反而还可能会让自己陷入困境。

　　白雪是一家贸易公司的文员，可却被上司、同事当成"服务员"，不是被要求倒水、擦桌子，就是被指示买咖啡、送文件，甚至一些私事。白雪觉得自己是新人，不敢拒绝他人的要求，怕被同事孤立、排斥。再加上她觉得自己的工作比较简单、轻松，便应承下来所有的事情。可随着白雪的工作渐渐多了起来，同时处理自己和别人的事情，让经验还不够丰富的她有些应付不来。而且，她不想成为公司的"服务员"，只能为其他人做一些杂事，于是给自己定下一个原则：只应承工作上的事情，拒绝倒水、买咖啡这样的事情，更要拒绝私事。可没想到，她刚开始尝试着拒绝，同事们便开始抱怨起来，有的同事还嘲讽说："哎呀，我们白雪是老人了，我们都指挥不了了。"白雪只能说："不好意思，李姐，我现在工作比较忙，现在不能帮你了……"可同事根本不体谅她，继续说："可不，你现在是大忙人了，要是过段时间，我们岂不是要跟着你的屁股转了？"白雪见同事如此，没有办法，只能放弃之前的原则。工作期间，她不得不疯狂地忙碌，一边忙着自己的工作，一边继续耐着性子帮助同事做这做那。一次，白雪的上司把她叫到办公室，说："白雪！今天我妻子没有时间接孩子，你看我也走不开，能不能请你帮我到学校接一下孩子，然后把他送到美术培训班，好吗？"白雪之前没少给上司办

私事，可这次她并不想应承下来，说："领导，我还有很多工作要忙……"上司说："没关系，你今天的工作可以留到明天。你知道，接孩子是很重要的，可不能耽误。这次就辛苦你了。"既然上司都这样说了，白雪不得不又违背自己的原则，帮着上司去接孩子。她刚一出门，就遇到出差回来的老板。老板问道："白雪，现在是上班时间，你有什么事情需要外出吗？"这是去替上司办私事，白雪哪敢实话实说？于是，她只好编了一个拿文件的借口。第二天，老板不知道从哪里知道了事情真相，把白雪叫过去狠狠地训了一顿："你的工资是谁发的？你凭什么在工作时间给别人办私事？再说，你竟然说谎，一个职员不能做好本分的工作，还不诚信，你说我之后怎么能相信你！"最后，白雪被老板辞掉了。白雪冤枉吗？她勤勤恳恳地工作，帮很多人解决问题，还被上司派去办私事，也算比较冤枉。可是，她明知道工作期间应该做好自己的本职工作，不应该帮上司办私事，却不坚持原则，不敢拒绝和反抗，落得这个结果也算是自讨苦吃罢了。可以说，白雪是一个没有原则的人，并且不懂得坚守原则。究其根源，是因为她没有一个坚定的个人边界。

什么是个人边界？简单来说，是指一个人建起来的关于身体、情感、精神的，保护自己不受别人操纵、利用和侵犯的界限。通俗来说，就是我们所说的原则和底线。对一个人来说，个人边界非常重要。只有你明确个人边界，坚持原则和底线，才能赢得别人的尊重，并且更好地做好自己。相反，一旦你没有明确的个人边界，不懂得自己应该接受什么、拒绝什么，那么就会让自己的生活越来越糟糕，更无法得到别人的重视，甚至会彻底迷失自己。试想，连你自己都没有原则和底线，别人又怎会遵守你的个人边界呢？又怎能重视、尊重你呢？就拿白雪来说，她的任务就是做好本职工作，完成老板交代的任务，工作期间不得办私事，不得偷懒、浪费时间。她知道自己应该做什么，可是面对同事的调侃和上司的要求，她的立场就不坚定了，原则就不坚持了，结果落得被辞退的下场。

　　事实上，生活中的很多人没有明确的个人边界，为了讨好别人而放弃自己的原则和底线，因为担心惹别人不快而不敢拒绝应该拒绝的事情。比如一个门卫，明知道不出示通行证不能放过，却不敢拦阻态度强硬的业主。结果，他只能得罪更多的业主，遭到领导的批评；一位鉴赏家明知道朋友的收藏是赝品，却不好意思驳朋友的面子而选择沉默，最终不仅得罪朋友，还破坏了自己的名声。再如，每次与朋友聚会，你都明确表示自己不能喝酒，可一旦朋友苦苦相劝，你就放弃了坚持，不断让别人侵犯自己的原则和底线，结果让自己的原则形同虚设。所以，想要避免这样的情形，你就必须坚持个人边界，在拒绝他人时坚定地说出自己的原则。"对不起，这是我的原则，我不能……""我对酒精过敏，真的不能喝酒，你们怎么劝也没有用……""我有自己的工作需要处理，等我处理好之后才能帮你……"当你时刻坚定自己的原则，久而久之，别人就不会再做出触犯你个人边界的事情，而你的拒绝自然就会更加有效。当然，拒绝他人必然是困难的，还可能会引起他人的不舒服和反感，这就要求你掌握拒绝的技巧，既可以坚定自己的立场，又可以维护双方的友好关系，为对方做出相应的补偿。

　　二战后的日本啤酒市场，一直被麒麟啤酒公司占领，市场份额高达50%。三得利公司是老牌的酒类生产公司，但它之前只生产威士忌，为了扩大业绩，实现市场多元化，也开始进入啤酒生产领域。一个新品牌想要赢得消费者的信任和支持，是非常困难的事情。为了打开销路，该公司社长找到自己的老客户——阪急集团的总裁小林米三先生，希望他能够销售自己公司的啤酒。由于阪急集团一直销售三得利公司的威士忌，双方关系非常好，再加上两人还存在姻亲关系——

小林米三的妹妹正是佐治敬三的嫂子,所以小林米三真的无法拒绝这样的要求。然而,若是答应了佐治敬三的请求,那就违背了公司的经营方针——只能和一家企业发展一种业务。小林米三进退两难,既不想违背公司的经营方针,又不能得罪客户加亲戚。究竟应该怎么办呢?最后,他决定坚持自己的原则,直接说出自己的想法。他真诚地说:"虽然我们彼此交情不浅,可是非常抱歉,我不能答应你的要求,因为我不能违反公司经营方针,也不能违反自己的原则。不过,我以后会找机会补偿你。"见他如此说,佐治敬三只好知难而退。小林米三也说话算话,尽量用自己的方式来补偿。他平时就酷爱饮啤酒,自从那之后,只要喝酒就选择三得利啤酒,还时常为这个啤酒做宣传。如此一来,他和佐治敬三的关系并没有因为这件事情而受到影响。

所以,与人交往时,最重要的就是保持自己的原则,坚守自己的本心和个人边界,千万不要因为怕得罪人,或是不好意思拒绝而放弃自己的原则。

9. 沉默是金，无声的拒绝是最好的方式

我们拒绝他人，最害怕的是什么？当然是与对方发生冲突，可在沟通的时候，你一言我一语，难免会产生冲突。你说的话，难免会引起对方发怒，甚至被对方抓住把柄。这时沉默的拒绝就可以避免冲突的产生。你都已经沉默不语了，对方又怎能继续说话呢？

事实上，很多人通晓沉默的力量，《三国演义》中的徐庶就是其中之一。徐庶、诸葛亮、庞统三人都曾拜在水镜先生门下，三人都是远近闻名的谋士。开始的时候，徐庶因为杀人而逃亡，后因敬仰刘备为人，毛遂自荐拜入刘备门下。他为人忠直、坦诚，且善于谋划，深得刘备赏识。曹操得知徐庶的才能之后，便以徐庶老母病重为由，把他骗到自己的营帐。虽然曹操也知人善用，对徐庶非常器重，但徐庶却因发过誓——绝不背叛刘备，而不得不拒绝曹操的重用。可自己和母亲的性命都掌握在曹操手中，徐庶又不敢强硬地拒绝，恐怕得罪了曹操。灵机一动之下，他选择了沉默的方式，不管曹操问什么，徐庶只是耸耸肩，微笑一下，什么都不说。最后，曹操也没有什么办法了。之后，徐庶虽然身在曹营多年，终究没有得罪任何人，也没有和任何人撕过脸皮，正因这样，才得以保全自己。这就是歇后语"徐庶进曹营——一言不发"的由来。徐庶选择沉默，既坚守了自己的原则，又保全了自己和母亲的性命，这就是最具智慧的拒绝。

中国有句古话："于无声处听惊雷。"意思是说，在没有听到声音的时候，人们最能听到惊雷的震撼；在沉默的时候，更能够彰显人们强烈的情感。很多时候，沉默是最好的语言，它巧妙地表达了一种

态度,甚至比其他语言更具震慑力。在拒绝的时候,我们大可不必说"不",只要能够有意识地用沉默来表达自己的态度,对方就可以知道我们的拒绝之意。

同时,运用沉默来拒绝的还有梅兰芳。京剧表演艺术大师梅兰芳是一位德艺双馨的艺术家,他非常爱国,并且不畏强权。抗战时期,梅兰芳无法正常演出,只能选择一个僻静的住所,过着隐居的生活。一些帝国主义分子为了粉饰太平,竟然妄图把梅兰芳请出来,率领京剧团在上海、南京、东京等城市进行巡回演出。梅兰芳却以牙疼的理由拒绝了,之后甚至留起小胡子,对外宣称"嗓子不好,早已退出舞台"来拒绝那些人的"盛情邀请"。后来,特务头子也打起梅兰芳的主意,甚至想要劝说他进行慰问演出。梅先生是爱国人士,但是为了保全自己和家人的安全,也不敢和特务硬碰硬。这一次,他又选择用行动和态度来表达自己的拒绝。他叫儿子给自己打了一针四联防疫针,不一会儿就开始发起高烧来。特务们没有办法,只能放弃原来的打算,灰溜溜地走了。

沉默是最好的拒绝,当我们想要拒绝但又不好用语言来表达的时候,沉默就是最好的语言,往往能收到"无声胜有声"的效果。而且,沉默的内涵非常丰富,作用非常明显。沉默代表一种特殊的语言,用沉默表示拒绝时,其实不仅是要闭紧嘴巴,还要综合运用目光、神态、表情、动作等各种因素,或明或暗地表达自己的思想感情。简单来说就是,你需要用态度、行为来传达拒绝的信号。比如,恋爱的时候,男子想要进一步发展亲密的关系,向女子发出亲吻的请求。通常聪明的女子不会严词拒绝,因为这样最容易伤害双方的感情。如果女子用冷静的眼光看着他,或是皱着眉头不说话,对方就会察觉你的拒绝之意,进而不会做出过分的举动。再如,一个孩子向父母提出不合理的要求,要求购买昂贵的礼物,或是想要长时间地看电视。这时父母根本不用大声地指责孩子，说："我不会答应你的要求。你的要求太过分了！"而是一言不发地看着他，或是板起面孔来，孩子就会明确地知晓父母的拒绝之意。还有，当你出门旅行，邻座想要与你攀谈，聊聊天儿打发时间，而你只想安静地睡一会儿，或是享受独处的乐趣时，你只需要简单地应答，或是闭目养神，对方就能够清楚地知道你无心与人交谈。

　　总之，沉默就代表拒绝的含义，如果再加上神态、目光、表情和动作，你的拒绝恐怕要比言语上的拒绝更加有效。但是，沉默并不是灵丹妙药，当别人不断地对你提出要求时，你的沉默反而被对方当作默许；当别人正侵犯你的权益时，你的沉默反而更助长对方的气焰。另外，一味的沉默也会让人觉得你没有礼貌，不懂得尊重人。所以，当我们拒绝别人时，我们应该适当地保持沉默，只要运用得法，就完全可以让对方知难而退。

第三章 拒绝朋友，
DISANZHANG 绝对不是一个错误

很多人说，朋友求我帮忙，我实在不知道如何拒绝，只能去做。这些人或是因为好面子，或是因为不好意思，但不会拒绝，只会让你来者不拒、委曲求全，久而久之，就会不由自主地忘记原则，甚至委屈自己。

1. 我有闲钱，但我不是你的提款机

　　朋友间最尴尬的事情，莫过于借钱。如果不借，怕因驳了朋友的面子，引起朋友的不快，导致友情破裂。可若是借了，恐怕友情也难以维持下去。很多自认为很好的朋友，友情都输在了借钱上——你催着朋友还，朋友会心生芥蒂；你不催着朋友还，自己心里也别扭，从而逐渐疏远朋友。特别是现在有很多借钱不还的人，借钱之前口口声声说："你放心吧，我下月发了工资就还给你。""我就是周转几天，你帮帮哥们儿吧。""我的为人，你还不知道吗？"结果钱到手之后，就是另一番样子。过了好几个月，根本不提还钱的事情。不管你是暗示明示，或是直接向他要钱，他都丝毫没有还钱的意思。好一点儿的情况，他会说上一句："不好意思，我最近手头比较紧张，过段时间再还你。""哎呀，你看我最近比较忙，都忘了这件事情，我一会儿就给你打过去。"话是这样说，但对方依旧没有还钱。还有的人会恼羞成怒地说："不就是欠你这么点儿钱吗？你还催促上了，真是太小气了。""你这人怎么这么不仗义？你有那么多闲钱，借给我怎么了，还老是催着还钱。"更有甚者，则是一口一个没有钱，爱咋咋地，把借给他钱的朋友当成是中路人，见了面连招呼都不打……

　　我就见过这样奇葩的人，是一个朋友老公的同事。这个同事平时比较热情大方，时常带着朋友夫妻一起吃饭、聚会，也会在工作上帮助朋友老公。朋友和老公都觉得这个人不错，是值得交的朋友。可是，后来的一件事情却让他们真正认识了这个人。一次，这个同事向朋友老公借钱，说是有急用，而且一借就是五万。朋友老公说："五万，我哪有那么多钱啊。而且，我们家钱都是老婆管的，我的工资都已经上交了。"他倒是爽快，说："那你和你老婆要啊，我就用一个月，周转过来之后会立即还你的。"朋友老公说："估计不行，我老婆正在攒钱，我们打算买车。你也知道，上下班挤公交实在是太累了。"这个同事依旧不死心，说道："哎呀，你们又不是马上买，借我周转一个月也不耽误事情。你有闲钱，反正闲着也是闲着，就帮老哥这一回吧。"听同事这样说，朋友老公就不好拒绝了。朋友想着他这个人还比较靠谱儿，平时关系又不错，就答应了这个要求。可是一个月后，这个同事却没有还钱的意思，甚至连提都没有提一句。朋友叫老公暗示暗示他，希望他能够及时还钱，结果人家总是打哈哈，好像听不懂你说什么一样。没有办法，朋友只能借着一起吃饭的机会，直接说："李哥，你看我们的钱，你是不是该还了……"这个同事竟毫不在意地说："你放心，我的为人你还不知道吗？李哥怎么会不还你们钱呢？不过，你们的钱反正闲着也是闲着，存银行也得不到多少利息，就让李哥再用一段时间吧。"朋友说："可是，我们也想买车啊？"他却笑着说："哈哈哈，我知道。买车需要很多钱，不过你们的钱不是还没攒够吗？等你们真正买车的时候，我会立即还给你们，不会耽误你们买车的。"听了这话，朋友差点憋出内伤，但又不好撕破脸——撕破脸，恐怕这钱就更不好要了。事实上，这个同事根本不是没有还款能力，他每天都吃喝玩乐，到处旅游，有钱也不提还钱的事情。最后，过了一年，朋友终于把这钱要了回来。事后，她无奈地说："明明是自己的钱，却变成了别人的，要回来都如此困难，所以千万不要借钱出去，即便你有闲钱。"

在现实生活中，有很多像这个同事一样的人，他们总是想要和别人借钱，还理直气壮地说："反正你的钱闲着也是闲着，不如借给我周转一下。"面对这样的人，我们也应该理直气壮地说："对，我有闲钱，但我不是你的提款机。我有钱是我的事情，借与不借也是我的事情。借给你，是情分；不借给你，也是本分。"那些不好意思拒绝的人，你应该明白，不是你有钱就一定要借给别人。只要他们一开口，你就必须像提款机一样把钱送到他们面前。一旦你这样做了，只能向我那位朋友一样，哑巴吃黄连——有口说不出，甚至还会白白损失掉一大笔钱财。当然，我并不是说，若是遇到朋友借钱就一定严词拒绝，而是应该分清借钱的是什么人，为了什么事情而借钱。如果朋友是正直、诚信的人，真正遇到了困难，你就应该讲义气，帮助朋友战胜困难，这会让你们的友情更加深厚。若是朋友平时就有借钱不还的前例，且财务状况不太好，你就要谨慎行事了。即便你是百万富翁，也应该避免借钱给这样的人。同时，既然打算借钱了，不管多要好的朋友，都应该打好借条，规定好还款日期。一旦对方没有还款，就应该拒绝不好意思，理直气壮地要回来。

总之，你要明确一点，你的钱你做主，要对钱财有绝对的支配权，是否外借，全部由你做主。你不是别人的提款机，不应该因为拒绝别人产生愧疚感，如此才能避免让自己陷入被动的局面。

况且，真正的朋友会理解你，不会因为你的合理拒绝而心生怨恨，更不会做出借钱不还的事情。你说，对吗？

2. 有朋自远方来，就要"舍命陪君子"吗？

几千年前，孔子说："有朋自远方来，不亦说乎！"直到今天，我们依然用这句话来表达因朋友远来而流露出的喜悦之情。的确，如果真的能够和志同道合的好友一起交谈、聊天儿，也是非常快乐的事情。但是，并不是所有人都可能成为你的朋友，能成为朋友的毕竟是少数，更多的人与你永远不能像"知己"一样谈天说地，甚至还会话不投机；并不是所有朋友的到来都能够恰到好处，很多时候，你可能有急事要处理，还可能心情不佳，或是想要休息。这种情况下，你应该怎么办呢？是强忍内心痛苦，"舍命陪君子"，还是直接告诉对方"你来的不是时候"，抑或是"我们话不投机"？恐怕这都不是最好的选择，前者让自己委屈，后者则伤害了别人。事实上，你完全可以下"逐客令"，不过应注意说话方式，既保住对方的面子，又满足了自己的愿望。

周末是属于自己的自由时间，可以在家尽情睡懒觉。但很不幸的是，这个小小的心愿经常被一些人破坏。我的好友芳芳时常为此苦恼，因为自己想在家里歇歇都不行，一上午就有好几拨人来访，比如邻居家的孩子、远方的亲戚、同学等。芳芳有心发怒，但总不能来一个访客就发一次火吧，那还不得气死自己。再说，别人来访也是喜欢自己，自己怎能没有礼貌呢？为了能有个安静的周末，芳芳冥思苦想，终于想出一个办法。她在大门上贴出一个告示，上面写着：本人喜欢睡懒觉，请来访者下午一点之后再来。这个告示虽然显得很幼稚，却收到了有很好的效果。很多人看到之后，都不好意思打扰她的美梦了。除了有特别的事情，很少有人会在周末上午敲她家的门。

　　那么，我们究竟该如何下逐客令，会收到良好的效果呢？面对那些不请自来的人，你没有必要直接说："你浪费掉了我的时间，我没有心思和你闲聊。"很显然，这是一种态度很差的说话方式，最伤对方尊严，也最遭对方嫉恨。你可以说，"天色不早了，我该休息了""今天先聊到这吧，我晚上要写策划，先告辞了""今天跟您畅谈一番，很荣幸，不过晚点儿我还得写一个策划，真希望我那残忍的老板能通过这个策划方案，这样也算对得住我这些天熬夜赶工了。"可以看出，以上三种逐客的方式，第一种找了逐客的理由，但对方一听就是借口，还会觉得没有面子；第二种更进一步，以工作为借口，但显得很匆忙，虽然保住了对方的面子，但还是让对方觉得不舒服；第三种最为得体，既有理由，又运用了幽默的语言，让对方既感觉不到尴尬，还能明白你的意思：我晚点儿还要加班，您还是赶紧回，我要开始忙了。当然，你也可以主动出击，把问题交到对方手里。比如，一位喋喋不休又和你意见不一致的同事到你家拜访，你只能采取主动出击的方式告诉对方：我不想和你聊。你可以说："女儿今天有辅导课，一会儿辅导老师就来了，不如我们去你家聊吧。"对方从你的话中便能听出他来的不是时候，肯定也不能再让你去他家，只能坐一会儿就离开。另外，人们常说"过分热情的实质就是冷待"。热情的语言、周到的招待，也能够起到"逐客"的效果。很多人的面子比较薄，一旦主人"特别热情"地招待，他们就会感到不好意思，从而主动提出离开的请求。比如，有闲聊者登门，若是你笑脸相迎，热情地沏好香茶，捧出点心、水果，他反而会吓得不敢再贸然前来。有客人滔滔不绝地讲话，若是你热情地招待他吃饭，说做一大桌子菜，他反而不好意思再坐下去。这就是生活的辩证法，以热代冷，效果反而更加好。所以，高超的语言技巧，可以把"逐客令"说得美妙动听，既能达到自己的目的，又不会伤害对方的自尊心和面子，使其知趣地主动离开。这就是拒绝的艺术，更是一个人的智慧。

想要把"逐客令"说得漂亮，你应该掌握两条原则：一是要有情；二是要有效。面对不同的问题，要想出不同的解决方法，不能一成不变，幻想以不变应万变。不过，不管你使用哪种方法，都必须不失礼貌和热情，切忌用冰冷的表情和尖刻刺耳的语言，更不能用爱搭不理的方式。

3. 打肿脸你也不是胖子，顶多是个傻子

两千多年前的孟子，写过这样一个故事：齐国有个人生活得非常落魄，却时常在妻妾面前炫耀，说自己活得如何风光，如何备受礼遇，每天和达官贵人在一起，受到他们的热情款待。开始，妻妾们非常相信这个人，都认为自己的丈夫是有能力、有地位的人。慢慢地，她们心中开始有些怀疑，因为从来不见达官贵人前来拜访相公。只是她们不明白，若这些都不是真的，为什么丈夫每天嘴巴都油乎乎的，就好像吃过大鱼大肉呢？一天，这个人又说自己和达官贵人聚会，妻妾们便悄悄地跟在后面想看个究竟。只见丈夫在大街上行走，却没有一个人上前与其攀谈。后来，丈夫来到东郊墓地，竟然厚着脸皮向祭扫坟墓的人乞讨祭品，然后在墓地里大吃特吃起来。直到这时，妻妾们才明白丈夫就是这样每天"吃香喝辣"，还蒙骗大家说自己有能力、有地位。

用今天的话来说，这个齐国人就是典型的打肿脸充胖子——死要面子活受罪。什么是打肿脸充胖子？简单来说，就是宁可让自己付出一定的代价，也要做一些力所不能及的事情，以换取别人虚幻的赞美、崇拜、夸奖、感谢等。这个齐国人这样做的目的，无非是让妻妾崇拜自己，觉得自己是一个有地位的人。可是，这样的行为却显得可笑至极。其实，这样的人就是典型的虚荣心在作祟。诚然，每个人都喜欢得到别人的夸奖和尊重，渴望得到更高的社会地位。但是，打肿脸充胖子的人却没有那样的实力、财力，所以为了满足自己的虚荣心，便开始以弱充强，以穷汉充大佬。结果，表面的风光是有了，但

其中的苦楚只有自己知道。通常来说，他们打肿自己的"脸"，受罪的也只能是他们自己。比如，本没有什么钱却假装大方，把钱都借给同事、朋友，自己却只能啃馒头、吃咸菜；本来家庭条件不好，却在朋友面前充"豪气"，抢着买单、送礼物，结果信用卡刷爆了，负债累累……这样的人肯定无法获得别人的尊重和喜爱，一旦原形毕露，反而会遭到周围人们的嘲笑。

　　我认识的一个朋友刚子就是这样的人，为了撑面子，做了不少打肿脸充胖子的事情。一次，刚子的几个朋友来找他玩，他们都是做生意的，且做得非常不错，算是事业有成。为了显示自己过得并不差，刚子表示要好好地招待朋友。那几天，刚子带几个朋友到处游玩，吃饭、唱歌、游泳，出入的都是高档场所。尽管几个朋友要求AA制付款，但刚子却执意一个人招待所有人。一旦有人说要付款，他就生气地说："你这是看不起我，你们来找我玩，我还能让你花钱。"结果，一次唱歌结束之后，刚子发现自己银行卡的钱已经所剩无几，便不得不给我打电话借钱。不巧的是，这个电话被其中一人听见，刚子只能说出实话，说自己确实没有钱了，这几天把几个月的工资都花光了。对方听完，大声惊呼："我还以为你这几年事业混得风生水起呢？既然如此，你为什么出手这么阔绰，非要请我们大吃大喝？"刚子不好意思地说："我这都是装出来的。其实，我只是一个普通职员，每个月工资只有几千块钱。我知道你们几个人混得都不错，不想在你们面前丢脸，也担心你们会看不起我这个混得并不好的朋友。"这个朋友听了刚子的话，抱怨地说："哎，你这是何苦呢？我们来找你玩，是为了友情，而不是让你请客。再说，如果看不起你的话，我们会特意大老远来找你吗？"随后几个朋友便把几天的花销分摊了。我们以为刚子会接受这次教训，不再做打肿脸充胖子的事情。可接下来的事情证明，他真的是一个十足的"打肿脸充胖子"。刚子从上大学开始就是外貌协会的一员，喜欢漂亮的女生。一次，他说自己看上一个女同事，并且深深地被她迷住。我一看那美女的照片，就知道她是一个典型的"白富美"，对生活品质要求特别高，习惯了过高档的生活，和刚子根本不是一个层次的人。于是，我好心劝他不要被美貌迷住眼睛，追求不适合自己的爱情。可刚子根本不听劝，马上对美女展开热烈的追求。事情确实如我所料，美女的生活品质非常高，时常出入西餐厅、高级商场，生活用品都是我们这些普通人难以承受的奢侈品。为了追求美女，刚子时常带美女出入高档场所，喝最贵的咖啡，买最贵的衣服，吃最好的餐厅，就连自己之前那些普通的衣服都不敢穿出门了。美女一直觉得刚子和自己是同类人，慢慢地对他心生好感，答应尝试着和他交往。这让刚子又欢喜又担心，欢喜的是自己终于要抱得美人归，担心的是自己根本没有能力继续承受得起这样的消费。他辛辛苦苦攒下的积蓄，已经在不到一个月的时间全部花光。接下来的日子，刚子只能靠和朋友借钱、刷信用卡度日，债台高筑，很快就支撑不下去了。毕竟朋友不能无休止地借给他钱，信用卡也是有额度、有还款日期的。最后，刚子只能和美女坦白，说自己只是一个穷人，并且已经欠下一大笔债务。美女知道之后，异常生气地说："我觉得我们不合适，但并不是因为你没钱，而是因为你明明没钱却非要装作有钱人。你的虚荣心实在太强了，与其是说为了追求我，还不如说是为了成就自己完美的形象。这又是何必呢？你怎么知道，我知道你是穷人，就不会答应你的追求？"事后，美女归还了刚子为她买礼物的钱，并且结束了两人间的关系。没错，刚子就是一个追求虚荣的人，他希望自己得到别人的肯定，渴望自己在别人心里留下完美的形象，所以，他才会打肿脸充胖子，做出超出自己能力范围的事情。事实上，这样的人不允许自己表现出无能，更不允许自己拒绝别人的要求。他从来不会拒绝别人，即便这个要求让他为难、倾其所有，也在所不惜。只是他不知道，他越是如此，就越不能说明他是有能力的人，相反更反映出他的无能，说明他是一个瞎逞能的"傻子"。

可以说，那些虚荣心强的人，即便打肿脸也不一定是胖子，而是把自己弄得疲惫不堪的"傻子"。如果你是这样的人，就应该彻底改变自己，学会让自己变得踏实真诚，如此才能得到别人的尊重。

4. 踢开不好意思，不做朋友的情绪垃圾桶

我有一个闺蜜，大学同一寝室，关系非常要好。工作之后，两人时常一起逛街、聚会、游玩，发誓要做一辈子的好朋友。可是不知从什么时候开始，我发现自己越来越害怕见她，甚至不愿意接她的电话。不是因为我们的感情变了，而是这个闺蜜自从结婚之后，就变得非常喜欢抱怨，内心充满负能量。以前聚会的时候，我们会看电影，聊各自的工作、娱乐八卦。可现在，每次聚会都成为她的诉苦大会，今天抱怨婆婆喜欢干涉他们的生活，明天斥责老公懒惰、没有一点儿责任心，要不就是抱怨工作如何辛苦、老板如何苛刻。开始，我非常同情她，觉得她刚结婚，还没有适应婚后生活以及和种琐碎的事情，所以每次都耐着性子听她抱怨、安慰她，甚至觉得闺蜜之间偶尔的倾诉或抱怨，可以给对方减压，也可以促进友情，是一件两全其美的事情。可谁也架不住一次次的负能量轰炸。慢慢地，我开始感到不耐烦，觉得她有些像祥林嫂，甚至有些矫情。而且，我没有发现的是，自己也慢慢地被感染，情绪变得非常差。那段时间，我动不动就发脾气和抱怨，生活质量受到影响，工作效率也受到严重影响。一天，爱人突然对我说："你最近变了，不是以前的样子了。"我愣住了，思考好久，才发现自己的生活真的在不知不觉中变了模样。爱人严肃地说："你知道什么是情绪垃圾桶吗？实际上，你正充当着情绪垃圾桶的角色，并且深受其扰。你在倾听闺蜜烦心事的这段时间，你接收了太多的负面情绪和负面信息，不但让自己变成了情绪垃圾桶，还让自己的情绪和心态受到

严重污染。如果你想要改善这种情况，就必须远离这样的人，拒绝做她的情绪垃圾桶。"之后，我按照爱人的建议做了，尽量远离闺蜜，不再听她的抱怨。虽然拒绝闺蜜不是一件轻松的事情，但是我做到了，赢回了自己的美好生活。其实，生活中有很多像我和闺蜜这样的人，一方把朋友当成情绪垃圾桶，把所有的负面情绪都抛出去，然后轻松地说："谢谢你倾听我的抱怨，向和你倾诉之后，我心里舒服多了。"另一方则一味地忍受着，不好意思拒绝或是不懂拒绝，结果让自己也失去好心情和好情绪，甚至把生活搞得一团糟。

那么，什么是情绪垃圾桶呢？顾名思义，垃圾桶就是人们丢掉不想要的东西的地方。情绪垃圾桶和现实中的垃圾桶一样，只不过它装的垃圾是别人的坏情绪、精神垃圾，诸如抱怨、哭诉、不满、伤心等。做情绪垃圾桶非常可悲，如果你不想自己也被污染，就应该果断地拒绝。或许你会说，朋友心有不快乐，伤心烦闷的事情，我和她谈谈心，让她发泄一下情绪，这也是人之常情。为什么会觉得别人把你当成了垃圾桶，又为什么会心生不满呢？那是因为在这个过程中，倾诉的一方是负能量爆棚的人，每天都沉浸在坏情绪之中，好像全世界都和她过不去，不是抱怨自己生活的不顺，就是哭诉公公婆婆怎样找她麻烦，要不就是老板如何尖酸、同事如何势利眼……你同情、安慰她，是不会让她的情绪好转的。你给她出主意，即便方法有效，她也不会努力改变，更不会想办法解决问题。事实上，这样的人根本不想解决问题，只是纯粹地想要抱怨，一股脑儿地把自己的负面情绪抛给别人。更重要的是，她不会顾及你的情绪是否会变坏，只顾着自己说个痛快。作为倾听者，你就像一个垃圾桶一样，每天承受着她的眼泪、抱怨、哭诉，弄得自己的心情也变得糟透，甚至感染上她的坏情绪，开始喜欢抱怨起来。或许你还会说，我怎会轻易被别人影响，难道不会自我控制情绪，保持乐观积极的心态吗？千万不要小看情绪垃圾的力量，它看似无形，却具有非常大的感染力和摧毁力。它可以让你原本愉快的心情瞬间变得悲伤起来，让一个心态积极的人变得消极、抑郁。即便你的自控力比较强，也很难抵挡住一个人不断向你抛来无尽的情绪垃圾、负能量。

作家刘瑜写过："前两年，我纠结于很多奇形怪状的人际关系里，后来我发现这些人和事消耗了我。他们带来无止境负面情绪，这些负面能量让我对自己失望，对未来失望。现在我才意识到，他们曾经消耗了我的理想，消耗了我对生活的热情，所以远离消耗你的人，也不要做消耗别人的人。"因此，不想让自己变成自己讨厌的人，唯一的办法就是远离情绪垃圾，拒绝做任何人的情绪垃圾桶。事实上，人们在发泄情绪的时候，会有一种"捏软柿子"的心理，所以女人会找最爱的老公发泄，孩子会找最爱的妈妈发泄。他们知道，老公会包容、纵容自己，母亲会包容和原谅自己。爱抱怨的人也会找不会拒绝的人发泄，就是因为你不好意思拒绝、不懂得拒绝，所以这些人才会肆无忌惮地找你发泄。一旦你拒绝了，这些人也就有所收敛，或是再也不把你当成情绪垃圾桶。因此，不要充当任何人的垃圾桶，你可以爱你的亲人、朋友，给予她安慰、劝解，但是千万不要不好意思拒绝、不敢拒绝。没有任何人能够不被负面情绪影响，任何人都没有足够的能力消化和处理那么多的负能量。

不要害怕因为拒绝而失去朋友、亲人、同事，也不要害怕因为自己的拒绝而导致让对方陷入哭诉无门、想不开的境地。最需要帮助的人，往往不是那些喜欢哭诉、抱怨的人，而是那些不善于表达或是干脆不表达的人。即便这些人不找你抱怨、哭诉，也会找到其他倾诉对象。当然，我并不是让你拒绝倾听任何朋友的倾诉，这样会让你成为一个冷漠、自私的人。生活不如意十有八九，面对工作、生活的压力，每个人难免有抱怨、发牢骚的时候。面对朋友偶尔的抱怨和牢骚，我们应该给予安慰、理解、支持。但是，如果有人像我那个朋友一样，每天抱怨不停，丝毫不顾及你的感受，你就应该果断拒绝，拒绝做她的情绪垃圾桶。只有远离她，你才能远离负能量，从而让自己的生活更加积极、健康。

5. 人情世故是个大牢笼，但你要不为所困

记得大学毕业后，一位亲戚时常这样嘱咐我："现在你不是小孩子，一定要懂得人情世故，切不可再那么天真无知。"相信很多人和我一样，时常被长辈、家人、朋友告诫，要懂得人情世故，如此才能在这个社会上立足，不被别人讨厌、远离。确实如此，不管你身处何处，都必须把人情世故放在眼里，中国自古以来就把它看作社会行为准则，甚至比什么都重要。就拿随份子这件事情来说吧，最能体现人情世故。随份子这种习俗自古有之，直到现在几乎没有谁能够幸免。朋友、亲戚、同学、邻居、同事、领导、下属……哪个人有喜事，你都不得不随份子。结婚、生孩子、乔迁、上大学……哪一件事，你都不得不拿红包。

一位刚刚参加工作的理科男魏强，在国庆节接二连三地遭遇扑面而来的"红色轰炸"，让他显然有些不知所措。最开始，他接到大学舍友的电话邀请，说自己要和女朋友结婚，希望他在10月2日那天参加婚礼。要说这个舍友，大学时候和魏强的关系非常好，两人同吃同睡，几乎形影不离，而且舍友还时常帮助自己。魏强很为舍友高兴，说自己一定能到场，并且兴奋地准备好了份子钱。高兴之余，魏强内心也想：舍友都已经结婚了，自己却连女朋友都没有，应该努力了，否则人家孩子都出生了，自己还孤家寡人一个，那就太丢人了。可魏强的高兴劲还没过，就又接到几个"红色炸弹"，而且还都是在国庆节这几天。要好的朋友、兄弟也就算了，还有两个平时根本没有来往的"朋友"。其中一个是高中同学，两人虽在

一个村子，但大学之后就很少来往，只是在高中微信群里说过两次话。那天魏强正在加班，这个人突然给他留言："兄弟，我10月5日结婚，就不给你发请帖了，你可一定要过来。"魏强一听这话感觉很不舒服，自己现在和他的关系并不好，为什么他会请我参加婚礼呢？可他又不知道该怎么拒绝，只能说："兄弟，不好意思。我有个朋友也是那天结婚，不能参加你的婚礼了。我给你转200元红包，就当是随份子了，请不要介意。"谁知，他的红包刚一发出，那人就接收了，且再也没有说什么，就别提给魏强捎来喜糖了。直到这时，魏强才明白，对方根本就是为了收份子钱才邀请他的。还有一个人是大学同学，两人在大学期间没有怎么说话，魏强只是依稀记得有这样一个人。当他受到邀请之时，心里感到非常奇怪，想要拒绝这个人。可回头一想，既然人家肯邀请自己，肯定是拿自己当同学，自己怎能不懂得人情世故呢？于是那一天，魏强特意早点儿下班，来到另一个城区参见那人的婚礼。可到了现场之后，他就后悔不已，整个会场都是那个人的同事和亲戚，根本没有自己认识的人。人家只是忙着与领导、同事交流、敬酒，根本没有注意到他，最后只好快快地离开……

就像魏强一样，正是因为人情世故，很多人很难说出拒绝的话，怕别人说自己不懂人情，怕朋友说自己冷漠自私。事实上，绝大部分人并不情愿随份子，尤其是那些本来就不咸不淡的朋友，抑或是许久没有联系的朋友，乃至大学之后便分道扬镳的同学。

某家报纸曾经针对初入社会的年轻人做过这样一个调查，结果发现，52.5%的人经常"随份子"。这个数据看起来不小，但实际上只有7.6%的人"支持"这一行为。98.0%的人感到随份子有负担：其中，16.1%的人感到"负担很重"，38.7%的人觉得"负担比较重"，仅1.9%的人觉得"完全没负担"。64.6%的人对"随份子"表示反感，其中15.5%的人表示"非常反感"。由此可见，绝大部分人虽然不愿意随份子，但是不能拒绝，或是不好意思拒绝。对于这样的"红色炸弹"，他们已经感到有苦难言，但是却因人情世故，不得不硬着头皮前往，一边心疼自己的钱，一边拿着红包说着祝福。

坦白地讲，人情世故虽然很重要，但我们完全没有必要让自己困在里面。随份子与否，完全看你与对方的关系如何，若是对方是你的挚友、闺蜜，红包理应当心甘情愿地送上。若是你与对方是很不错的朋友，平时交往亲密，你就是因为不舍那点儿钱而随便找个理由，拒绝参加对方的婚礼，不只会伤了对方的心，恐怕也会让其他人看不起。这可是真正的自私，毫无人情可言。然而，若是面对那些关系不咸不淡或是渐行渐远的人，你就可以找个理由推辞了。生活中不乏这样的人，平时与朋友毫无来往，一旦结婚想要收礼，便殷勤地联系起来。网上不是有这样一句话嘛，"一个许久不联系的朋友，突然和你联系，那他不是卖保险了，就是要结婚了。"试问，这样的关系，你又为什么因为人情、面子而不拒绝呢？同时，拒绝不拒绝，也要看你的经济水平。若是你想要维护与朋友的关系，且经济状况良好，随随份子也无妨。若是你生活拮据，并且不情愿随份子，就应该拒绝那些该拒绝的人，找个理由推辞掉那些"红色炸弹"。据一家网站的调查显示，大部分职场人士认为是否随份子主要看关系，超过41%的人认为关系好的才去，关系不好的就不去；同时，超过半数的人表示，与对方的关系好坏，会影响自己随多少份子钱。

所以，当你不敢拒绝、因"红色炸弹"而苦恼不已的时候，回头看看自己，是否被所谓的人情所绑架了，是否陷入了人情世故的牢笼而不能自拔？

俗话说："人情练达即文章，世事洞明皆学问。"你应该懂得人情世故，但完全没有必要让自己困在里面，否则不仅让自己被"红色炸弹"炸晕，还会让自己活得疲惫不堪。不懂得拒绝，你就会被人情世故所牵绊，为了他人而不断奔波；不懂得拒绝，你就会被别人牵着走，丧失人际关系的选择权和主动权。

记住，合理的人情，你可以接受；但这人情若不合理，你就应该果断拒绝。

6.　想要讨好每个人，结果谁也没讨好

　　世界上有这样一种人，他善良，善解人意，逆来顺受，最重要的是不懂得拒绝。他尽量讨好每个人，不会拒绝任何人的要求，为了得到别人的认可，宁愿去做任何事情。

　　这就是典型的讨好型人格。一位心理学家曾经指出，讨好者活在别人对他们的期待中，不停地追逐别人对他们的认可，为此他们愿意去做任何事。他们总是将他人的需要摆在第一位，即便对方的要求不合理，也会硬着头皮去满足。

　　然而，这样讨好型性格的人，真的能够讨好别人吗？

　　事实恰好相反。

　　实际上，想要讨好每个人的大有人在，把别人的付出当作义务的也大有人在，可真正讨好他人、受人喜欢的人却少之又少。这是因为，一旦别人接受你的人设，他们就会把这所做的一切当作理所当然，你的个人意愿反而不会被他们放在心上，甚至要求越来越高、越来越苛刻。一旦你稍微有所拒绝，他们就会讽刺、排斥你，甚至怨恨你！

　　我认识的一位朋友，是孩子同学的妈妈，也是典型的讨好型人格。两个孩子一起上美术课期间，我们两个大人难免会聊些事情，她说自己有时很苦恼，为什么想要讨好身边的朋友，却总是弄巧成拙呢？

　　她习惯讨好每个人，比如每次孩子上课的时候，她总是会给我家孩子带一些小零食、水果，如果我推辞的话，她就会觉得我对她有所

不满，从而内心感到不安。

朋友聚餐的时候，她总是第一个到现场，打点好所有的事情，如倒好水、点好菜，等待朋友的到来，最后还会抢着把单买了。

朋友们一起外出旅行，她承担起"主管"的角色，想要把每个人都照顾到。

就连对家人也是如此，婆婆来了，她每天抢着做家务，下班之后还要照顾所有人的口味做菜，吃完饭后连忙打扫卫生。

……

这样一来，她赢得了所有人的喜欢、获得了所有人的尊重吗？她苦恼地说："我到底做错了什么？为什么我做什么大家都不满意呢？为朋友点菜买单，有人却说我自作主张，不问她们的意见；安排好所有行程，有人却抱怨旅行攻略做得不好。就连婆婆也是如此，对我做的菜挑三拣四，说我不会过日子，花钱总是大手大脚……"

听着她说自己处处讨好别人，尽量满足他人的所有要求，到头来谁也没讨好。我真为她感到不值，觉得她是一个可怜又可悲的人。

我问道："你为什么不拒绝？"

她听了之后，茫然地说："我已经习惯了，再说，拒绝之后岂不是更让自己不招人喜欢？"

我一时无语。……

渴望被人认可和喜欢，原本是人的天生欲望，无可厚非。可很多时候，讨好别人不会改变别人对你的看法。你越是软弱，别人就越会向你提出要求；你越是讨好别人，别人就觉得你不值一提。而且，一味地讨好别人，想要得到全世界的认可，讨好每个人，只能累了自己，而且还没有任何效果。

著名作家刘墉在《创造自己》中说过："不敢说'不'的人，往往缺乏实力，他们只怕不顺着对方的意，自己就要吃亏。岂知愈是想讨好每一个人的，最后可能谁也没有讨好，因为没有人珍视她的'好'，却要更加责备她可能的不周到。愈是不想对不起每个人的，愈可能对不起人，因为精神、时间、财力有限，不可能处处顾及，结果服务的水准下降，还是对不起人。就算他拼了命地应付了每个人，至少对不起了他自己。"之后，刘墉还讲了一个长辈的故事。那个长辈去了一趟香港，当时去香港不像今天这么容易、简单，可以说是一件大事。朋友们知道这个消息之后，都拜托这位长辈带些东西回来，而这个长辈也碍于情面，满口答应下来。回来时，这位长辈给每位朋友都带了东西，可架不住人太多，东西根本不够分。为了不得罪任何一个朋友，他只好把已经送给自己子女的礼物收回来，然后给那些委托自己的人。这样一来，这位长辈的经济状况也元气大伤，原因是为朋友带的东西太多，海关加了税。他又不好意思和朋友开口，只能自己一个人扛了下来。原本以为自己吃些亏，讨得朋友高兴就好了。有些朋友知道具体情况之后，要求主动付税，可个别朋友却在背后说："这比委托行买的还贵，恐怕他吃了很多回扣吧。"

是的，很多时候，你越是努力讨好每个人，结果往往谁也没讨好，越是无法达到众人都满意的结果。毕竟每个人的时间、精力有限，不可能顾及所有人、所有事情，你顾及这个朋友却忽略了另一个朋友，后者就会心生不满；你今天帮助了这个朋友，明天因为分身乏术而帮不了他，他就会抱怨连连。况且，过多的讨好会让所有人都把你的"好"当成理所应当，反而看不到你的付出，注意不到你的"好"，甚至还会责备你的不周到、不细心。

正如刘墉所说："只有充满自信与原则的人知道说'不'，也只有别人知道你有说'不'的原则之后，才会信任你所说的'不'！"一旦你做好了自己，拥有了自信，不再渴望利用讨好别人来获得存在感，拒绝就成为简单的事情。只要你能够委婉地说出自己的原则，道出自己的苦衷，同样也能获得朋友的谅解、尊重和喜爱。

所以，不必讨好所有人，也不必让自己努力顺从别人的意愿，对别人的指令照单全收。当你努力做好自己，体现了自己的能力和价值，就可以赢得别人的尊重和喜爱。

7. 违心答应朋友的请求，只能委屈了自己

生活中，我们是不是时常会遇到类似的事情：当朋友向你借一件珍贵的东西，如心爱的相机、车子，虽然你很心疼，可还是会不情愿地答应；当朋友要求你顺手给他代购一些某国特产，却不事先给你钱，又极其挑剔的时候，虽然你感到很心烦，可还是会违心地答应下来；聚会上，当朋友随意地说"嘿，帮我倒杯水""帮我把那个纸巾拿过来"，你开始还心甘情愿，可后来却心生抱怨："你自己没有手吗？为什么不自己拿？"不过，这句话始终没有说出口，你依旧"乖乖"地帮他拿这拿那。……遇到这样的情况，你肯定会很委屈，心生怨言。可这些委屈是谁造成的？是要求你做事的朋友吗？不！事实上，这些委屈都是你自己找的。你不直接拒绝，说出自己的想法，一味地违心答应朋友的请求，就只能委屈了自己。生活中，很多人都是如此，宁愿委屈自己，也不好意思，或是不敢大胆地拒绝他人。

我记得小时候看《家有儿女》这部电视剧时，时常被刘星的调皮捣蛋、古灵精怪逗得哈哈大笑，被小雪的自信、优秀和傲骄惹笑，也被爸爸妈妈的热心、爱心所感染。不过，最近朋友萧萧的一个经历让我回想起该剧的一个情节，因为萧萧和里面的爸爸妈妈实在太像了。剧里的情节是这样的：胖婶是刘星家新来的一个邻居，女儿和刘星是同学。为了搞好邻里关系，爸爸妈妈对胖婶非常热情，礼貌招待，并且说"有什么事情可以尽管说"。谁知胖婶就是一个毫不客气的人，家里什么东西都缺，只要有需要就去夏家借，什么酱油盐醋、锅碗瓢盆、体温计和手电筒等。爸爸妈妈对这个胖婶很有意见，

抱怨她老是借东西，可又不好意思说"不借"，怕影响邻里关系。同时，他们也想借此机会教育孩子：要做一个助人为乐的好孩子。偏偏胖婶是个不自觉的人，借了东西不知道主动归还。在这样的情况下，爸爸妈妈陷入尴尬，想去胖婶家要回自己的东西，但又不好意思说不出口，于是他们只能一边抱怨，一边继续借其他东西给胖婶。一次，胖婶又来到刘星家，向小雪借一本书，小雪痛快地拒绝了她，并且气呼呼地对父母说："拒绝有那么困难吗？不想借就不借。"然后，小雪带着刘星、小雨"杀到"胖婶家里，要回来了所有借出去的东西，帮助家里解决了目前的麻烦和困扰。事后，这个爸爸只能感慨地说："书上说的没错，'无法说不，是一种控制力差的表现。'"

为什么孩子能够大胆地说出拒绝，而大人却顾虑重重，始终无法把"不"说出口？是因为孩子想得简单，不想借，就直接拒绝。而大人则总是考虑很多，害怕伤害别人的面子，担心别人说自己小气，又担心破坏彼此的关系……可是，不好意思或不敢拒绝，违心地答应别人的请求，只能委屈自己，给自己招来麻烦。现在来看看我的朋友萧萧吧。他是一个公认的好人，不管是亲戚、朋友，还是同事、邻居，只要对他提出要求，他就会尽量帮别人。即便这件事情让他为难，他也会违心地答应下来，说："放心吧，这件事情就交给我了。"即便他不想做这件事情，也不好意思拒绝，而是说："好的，我会尽量帮忙做好的。"在他人眼中，他就是一个百分百的"活雷锋"，可朋友却有苦难言。原因是帮人帮得太多了，自己的私人时间几乎没有，手里也没有存下多少钱。由于他经常随叫随到，女朋友非常有意见，抱怨他没有时间陪自己，是一个没有原则的滥好人……一天，女朋友终于和他分手了，并且抱怨地说："你是一个好人，可是我不想嫁给你这个好人。你不懂得拒绝，谁都帮助，谁都照顾，却很难照顾到家人和爱人。我很难想象，你之后能够给我带来幸福的生活。现在，我只希望你能多为自己着想，不要总是委屈自己……"朋友伤心地说："其实，我也不是事事都心甘情愿，很多时候只是不好意思拒绝罢了……"

看吧！不好意思拒绝，违心地答应某些要求，只能让自己陷入困境而无法自拔。我们为什么要成全别人、讨好别人，反而委屈自己呢？这显然是不正确的想法。这是对自己的不负责，是对自己权利的一种亵渎。在自我意愿和别人需求之间，我们应该有明确的偏向，那就是理直气壮地偏向自我意愿。这不是自私自利，也不是没有爱心。我们说，如果你有能力帮助别人，且不会损害自己的利益，违背自己的内心，那么你完全可以快乐地帮助他人。一旦你的能力有限，帮助他人也是心有不甘，那就应该坚定地拒绝，否则不仅是对自己不负责，也是对别人的不公平。别人以为你是心甘情愿，而你却心生抱怨；别人以为你是乐于助人，而你却是因不好意思拒绝而为之。事后别人知道了真相，又会怎么想呢？相信绝对不会对你有感激之情。而且，那些违心答应别人请求、不敢拒绝的人，其实就是太过于在乎别人的眼光，结果压抑了自己，委屈了自己。

不管任何时候，我们都应该遵循自己的内心，想助人就助人，想拒绝就拒绝。在成全别人之前，我们要先学会成全自己，这才是对自己负责，也是对对方负责。

8. 真正的朋友，不怕你的拒绝

　　若是问一个问题：你最怕失去什么？有人会说，"我最怕失去亲人"，但更多人会说，"我最怕失去朋友"。没错，很多人怕失去朋友，并不是因为他们觉得友情比亲情更可贵，而是觉得亲人能够更宽容、包容和理解自己，而若是自己不维持朋友间的关系，就会让自己失去友情。正因如此，很多人很少拒绝朋友，生怕因为自己的拒绝而导致朋友的内心不满，或是因为自己的拒绝而失去这个朋友。

　　之前在和孩子看动画片《苏菲亚公主》的时候，有这样一个情景，至今让我印象深刻。苏菲亚的姐姐安柏有一个好朋友叫希尔加德，她是一个高贵而又有才华的公主，和好朋友克莱奥形影不离。我经过仔细观察之后才发现，希尔加德喜欢替克莱奥做主，时常指挥克莱奥做这做那，而克莱奥也习惯了听从希尔加德的指挥。比如，希尔加德说喜欢画画，克莱奥就高兴地和她一起去画画；希尔加德说喜欢去参加舞会，克莱奥就高兴地与她参加舞会。克莱奥甚至因为习惯听从希尔加德的指挥，而不知道自己究竟喜欢什么。所以，她们每天做的事情，通常都是希尔加德喜欢做的。一次，克莱奥喜欢上了唱歌，苏菲亚也想尽办法让她参加演出，可希尔加德却不喜欢唱歌，不允许她参加，甚至说她没有这样的才华。克莱奥尽管非常不舍，但为了维持两人的友谊，不让希尔加德生气，还是忍痛选择了退出。苏菲亚为克莱奥不值，认为她不应该做别人的附属品，不应该听别人的指挥，而是要做真正的自己，做自己喜欢的事情。苏菲亚还说，只要希尔加德拿她当真朋友，就会支持她的选择。令所有人惊讶的是，希尔加德并不在乎克莱奥的感受，非要强迫她和自己参加聚会，而不是参加唱歌活动，否则就不认她这个朋友。直到这时，克莱奥才明白，希尔加德并没有把自己当作真正的朋友，而是当作一个言听计从的小跟班。这一次，她拒绝了希尔加德，选择了自己喜欢的唱歌，而希尔加德气呼呼地离开了。从旁观者的角度看，希尔加德真的没有把克莱奥当作朋友，她习惯对克莱奥提要求，并且不允许克莱奥反驳和拒绝。她以自我为中心，从来不顾及别人的感受。而克莱奥也习惯了顺从，为了不伤害朋友，不失去朋友，而一味地忍让和屈从。结果呢？克莱奥根本没有获得朋友的尊重和认可，甚至还被看不起。而希尔加德也越来越自我，完全不顾及克莱奥的感受和想法。好在最后，希尔加德在安柏和苏菲亚的劝说下认识到自己的错误，不仅懂得什么是真正的友情，还承认了克莱奥的才华，她们相互尊重和体谅。所以，真正的友情不是一方的索取和另一方的忍让，也不是一方的主导和另一方的屈从，更不是不能容忍对方的拒绝，否则这和主人与跟班有什么区别？

这个世界上，因为你的合理拒绝就离去的人，不是真正的朋友。面对这样的人，即便你再讨好，处处忍让，说不定他也会无情地离去。你终究无法完全让他满意，说不定哪一件事情不合了他的意，他就会心生抱怨，不再与你做朋友。真正的朋友，不怕你的拒绝，更不会因为你的拒绝而与你反目。

大海和李胜是非常要好的朋友，时常你帮我、我帮你。今天，大海的女朋友缠着自己逛街，而他手里没有零花钱了，就会偷偷地给李胜发信息，很快李胜就会给他转过来几百块钱；明天，李胜需要搬家，一个电话打来，大海就会推了女朋友的约会，帮助李胜来搬家。时间长了，两人都把对方当作最好的朋友。一天，大海约李胜到大排档喝酒，几杯啤酒下来，就说："我女朋友的妈妈答应我们的婚事了，不过却提出一个要求。"李胜好奇地说："什么要求？"大海叹了一口气说："她妈妈要求我买婚房，并且必须全款买房。你知道，这些年我一直在为结婚而攒钱，可怎么也不够全款买房啊！"李胜说："确实，现在房价这么高，一套房子最起码一百多万。"大海立即说："所以，我想让你帮忙，借我一些钱周转一下。"听了大海的话，李胜犹豫了。要是千八百的，他会毫不犹豫地给大海转过去，即便是一两万，自己也不会为难。可买房不是一笔小数目，别说自己没有那么多钱，就是有，也要慎重处理。于是，李胜说："你知道我的，哪有那么多钱。我平时都是有一分花一分，还没有你攒的钱多呢？"大海犹豫着说："你爸妈不是有钱吗？要不你帮我借一下吧。"李胜一听这话就生气了，但他还是克制住自己的脾气，耐心地说："你觉得这样合适吗？我爸妈有钱，可那是他们辛苦赚来的。你也知道，我都不好意思花他们的钱，我实在不能帮你这个忙。"接着，他继续说："不过，我这些年也赚了一些钱，手里应该有两三万，我可以把这笔钱借给你，还希望你能体谅我。"大海立即说："真不好意思，我知道自己的要求过分了。你要原谅我，因为实在太着急了，所以没有考虑周全。你能借给我钱，就已经很仗义了，我怎能责怪你呢？"事后，大海和李胜依旧是要好的朋友，并没有因为这件事情而生分，这才是真正的友谊！朋友间相互帮个忙，理所应当，但谁也没有义务为对方做什么，谁也没有权利因为别人的拒绝而心生忌恨。大海知道自己的要求过分，所以遭到李胜的拒绝之时，他并没有心生抱怨；李胜知道什么样的要求该答应，什么样的要求该拒绝，而且在拒绝之后继续尽量帮助朋友，所以赢得了朋友的谅解。

　　真正的朋友，不怕你的拒绝，他会理解你的苦衷，站在你的角度思考问题。而且，真正的朋友是与你志同道合的人，与你有共同的语言，性格相似，价值观相似，他又怎会因为你的拒绝而心生抱怨，甚至因此而离你远去呢？假如有一天，你的朋友因为你的拒绝而心生怨恨，视你为仇敌，我只能说，你们的友情真的不堪一击，而且对方根本就没有把你当作真正的朋友。这样的朋友，即便离开，你也没有什么可惜的，甚至对你来说还是一件好事。

第四章 委屈不能求全，
DISIZHANG 拒绝做职场"可怜人"

数千年前，智者苏格拉底说："世间有一种能力可以使人很快完成伟业，并获得世人的认识，那就是令人喜悦的讲话能力。"在职场上，你可能会遇到很多种情况，上司强塞给你任务，毫无意义地加班，或是上司错误的工作安排等，这时你就必须大胆地拒绝，巧妙地说出自己的想法。

1. "我不是超人"，拒绝完不成的任务

每个职场中人，都会遇到领导给自己下达任务的情况，如果这个任务是自己力所能及的，当然应该尽最大的努力去做好。但是，若是这个任务已经超出你的能力范围，你又会怎么做呢？是直接拒绝，还是硬着头皮接下这个"烫手山芋"？很多人会说，老板交代的任务怎能随便拒绝呢？一旦我拒绝了，会不会给老板留下不好的印象，让老板怀疑我的工作能力？事实上，很多人抱有这样的想法，于是便不顾自己的实际情况，硬着头皮接受了可能完不成的任务，或是超出能力范围的任务。结果不用想，自然是在一阵手忙脚乱之后，把工作弄得一团糟，让老板更加不满。

小菲是一个爱逞能的人。刚进入公司时，为了显示自己的能力，她总是抢着做各种工作。即便是棘手的问题，没把握的事情，她也毫不犹豫地答应下来。她认为想要让老板赏识自己，就一定要尽量展示自己，做一些别人做不到的事情。随着时间的推移，小菲凭借自己的能力在公司站稳脚跟，并且获得了老板的赏识。原因很简单，不管老板交代什么任务，她都会一拍胸脯，骄傲地说："没问题，我一定会做好的！"一旦有别人解决不了或是棘手的问题，老板第一个想到的就是小菲，而且还会赞扬地说："小菲，你是咱们公司能力最强的，像这样的任务只有你能够完成。好好干，将来一定大有前途。"可只有小菲自己知道，每次接下"烫手山芋"之后，她付出了多少努力和辛苦，一个人在办公室里加了多少班。有一次，一位快签约的客户中途变卦，说什么也不愿意继续和公司合作，负责接洽的同事费了好多口舌，都没能让客户改变主意。

这时，老板叫来小菲，说只有她能够"啃动这根硬骨头了"。小

菲感到非常为难，可还是痛快地答应下来。接下来，小菲每天都去客户那里报到，想办法打听客户的喜好，想借此来找到突破口。为此，她还麻烦了男朋友的一个远方亲戚，搭了好多人情，花了好多心思，才把这个客户搞定。

每个人都不是超人，小菲也不例外。很多事情她没有办法做好，很多任务她也无法完成。可惜的是，她并没有明白这个道理。一天，她又接下一个没有把握的任务。

那天是周末，小菲正在吃早餐，接到老板的电话。老板说："小菲，今天下午一位美国客户来公司考察，不巧的是，公司的翻译生病了，说不出话来，你英语水平不错，就负责接待客户吧！"

小菲听了之后，惊讶地张大嘴巴。自己的英语水平虽然不错，能够和美国人顺畅地交流，可商务会谈不像日常交谈，这需要专业知识，更需要较高的口语翻译水平，自己很可能不能胜任。一旦自己翻译错误，或是对关键性信息表达失误，恐怕会酿成大错。

她想要打电话拒绝老板，可转念一想，拒绝老板会让他怀疑自己的能力，或是怀疑自己不愿意接下这个任务。如此一来，岂不是影响到自己的前途？她侥幸地想，或许不一定出错呢，我为什么不尝试一下，之后老板肯定更器重我。

小菲接下了这个任务，不过这次她没有那么幸运，翻译错了几处关键信息，引起歧义。还好，签订协议的时候，客户选择了谅解，否则公司将承担很大损失。事后，老板训斥小菲："你完不成这个任务，可以直说！你逞强做什么？幸好客户好说话，否则你能承担这样的后果吗？"小菲只能委屈地听着，把所有的苦水都往肚子里咽。俗话说，"死要面子活受罪"。一点儿没错，明知道自己完不成任务或对某个工作没把握却不敢拒绝、硬着头皮答应下来的人，就是典型的死要面子活受罪。他们根本不考虑自己的能力，盲目地接受老板的交代，最后只能把自己弄得筋疲力尽，甚至还可能费力不讨好。小菲完全可以拒绝老板的要求，而不是勉强自己接受那些棘手的问题。事实证明，当你不拒绝之后，一旦搞砸了工作，必定会给自己惹来更大的麻烦。这个问题的严重性，比你拒绝老板更可怕。如果小菲在老板让她充当口语翻译之时，坦白地说："老板，虽然我的英语水平还行，可口语翻译和日常交流有很大区别。若是我硬着头皮上的话，恐怕会惹下大麻烦。我是为了公司着想……"或是说："老板，商务会谈需要专业的英语翻译，我的英语口语还行，可是对于专业名词没有太大把握。我们不如聘请一个专业翻译吧。"这样一来，老板怎能强迫你接受这个任务呢？况且，你为老板提供了选择。找专业翻译，他是不会对你不满的。

当老板交代的任务你很难完成或是完成不了的时候，不要盲目接受，而是应该选择理智地拒绝。不要把自己看作超人，认为只要努力什么事情都能做到。事实上，每个人的能力都是有限的，你有很多无法做到的事情。这没有什么丢人的，也不会让老板怀疑你的能力。更不要以为拒绝就证明自己无能，其实这是你智慧的体现。接受有把握的事情，尽最大的努力完成自己能力范围之内的事情，这才是真正的聪明。当然，想要拒绝上司指派的、难以完成的任务，应该做到有技巧。你需要有充分的理由，让上司知道你真的无能为力，而不是推卸责任。你可以说："谢谢老板信任我，把这么重要的任务交给我。不过很遗憾，我对这件事情没有把握，害怕耽误您的大事……"

如果实在拒绝不了，你可以把"丑话"说在前头，比如说："老板，为了公司着想，我建议你找更有能力的人来接受这个任务。如果您一定要做我，我会尽最大的努力完成，但是没有十足的把握……"这样一来，即便你真的没有做好，老板也不会责怪你了。

总之，职场中没有所谓的超人，你也不是超人。拒绝完不成或是没有把握的任务，这才是聪明的选择。

2. 那些毫无意义的加班，就算了吧

不知从什么时候起，很多公司兴起了"加班文化"。

有的公司工作强度大，员工不加班根本无法完成一天的工作量，所以绝大部分员工不得不留下继续加班。慢慢地，公司内部便形成"加班文化"，加班时间越来越晚，从七八点到九十点，甚至更晚。可员工们都是自愿加班的吗？并非如此。或许有些员工是自愿的，这些人有事业心，想要更好地拼搏，所以会加班加点地工作，提升自己。但是绝大部分人是不情愿的。试想，工作和休息时间已经变得混乱，超负荷的任务弄得自己身心疲惫，还冷落了爱人和家人，谁又情愿加班呢？如果说这样的加班还是有意义的，员工确实完成了更多工作，那有些公司的员工加班就是毫无意义的。这是因为，他们名义上是在加班，实际上根本没有做什么实质性工作，可以说只是拖延回家的时间而已。为什么会出现这样的情况？这是因为，这些公司的老板把加班看成努力工作的表现，甚至把加班看成考核员工的标准。在这样的情况下，公司形成这样的加班文化——下班时间到了，所有员工都不离开办公室。有的员工一边做着工作，一边聊着微信，有的员工干脆聊起天儿来。然后熬到八九点之后，所有员工都"身心疲惫"地回家了。还有的员工白天不好好工作，等到下班之后再开始忙碌。他看着非常努力，可实际上丝毫没有效率。问他为什么不白天高效工作，早点儿下班回家，他却理直气壮地说："老板喜欢员工加班，那我就加班啊！反正他又不关心我们加班到底做什么？"

事实上，有这样"加班文化"的公司不在少数。

大于前段时间跳槽了，几个朋友都非常好奇，问他为什么这份工作干了不到一年就辞职。大于非常激动地说："我觉得这个公司的老板实在太奇葩了，在那里工作简直就是浪费时间。如果我不跳槽的话，恐怕就会成为平庸懒惰的人，而我并不想成为那样的人！"

事情是这样的：大于毕业之后进入一家公司，当时他激情满满，发誓要做出一番事业。他积极主动完成上司交代的任务，努力学习，力求尽快掌握相关业务知识。开始时由于业务水平不高，有很多知识没有弄明白，所以他每天不得不留下加班。

不到三个月，大于就完全熟悉了公司业务，并且能高效地完成当天的工作。为此，他感到非常骄傲，认为老板肯定会夸奖自己。可令他没有想到的是，老板却在全员大会上批评了他："有的员工工作不努力，没有主人翁意识。要知道，既然你来我们公司工作，就应该为公司着想，全心全意为公司做奉献。别人每天都辛苦加班，你却早早离开，难道你就不知道不好意思吗？今天我就不点名了，给你留些面子吧！"

虽然老板说不点名道姓，但是所有人都知道批评的是大于，因为这段时间只有他按时下班。可是他不明白的是，自己按时下班是因为完成了当天的工作，而且工作时间自己非常努力，为什么老板还要批评自己呢？

私下里，一位老同事告诉他说："我们老板喜欢员工加班，你没看见所有人每天都留下加班吗？"

大于疑惑地说："我以为你们还没有完成工作才会加班，可是我已经完成了工作，为什么还要加班呢？"

老同事笑着说："既然老板喜欢加班，那你就加吧！"

无奈之下，大于只能和其他同事一样，每天下午都留下加班。可是他发现，与其说这些同事在加班，还不如说是熬时间。他们留在办公室里，心早就已经飞到了外面，没有人在认真工作。有的人和朋友聊微信，有的人心不在焉地翻着文件，有的人还在网上斗地主。可以说，他们的加班毫无意义，只是假装在努力加班而已。慢慢地，大于发现自己也被这种氛围感染了。上班时间，他的工作效率变得低下，本来六个小时就可以搞定的事情，却拖拖拉拉八九个小时也完不成。然后剩余的部分，就留下来加班解决。有时工作效率高了，他也会和其他同事一样，聊天儿、玩游戏，然后拿着文件做样子。大于说："突然有一天，我意识到自己不能这样下去了。虽然我为老板工作，但也是为自己奋斗。我不能让自己被这种所谓的'加班文化'侵蚀了斗志，更不能毁灭了我的梦想。如果我能做有意义的事情，能实现自己的理想，即便加班到1点，我都心甘情愿。可是这样的加班毫无意义，只是浪费我的时间。所以，我毅然拒绝这样的加班，重新做回努力、高效工作的自己。"叹了一口气，大于继续说："结果你们猜怎么着？这个老板竟然再次批评我，说我不努力工作，甚至还指责我自私。你说，我不辞职还留在那里做什么？"听了大于的话，我们都一致赞同他的选择。没错，那些毫无意义的加班，只是有些人假装努力的幌子。既然如此，我们又为什么非要把时间浪费在办公室呢？

我们不反对加班。如果某项工作时间紧、任务重，老板要求加班加点地完成，我们没有理由拒绝，更不应该拒绝。可是，一旦老板把加班当成文化，强迫员工"自愿"加班，我们就有权利拒绝。即便我们累死累活地工作，老板也不会体恤你半分。同时，每个人的时间都是宝贵的，虽然你是公司的员工，但也应该有自己的休息时间，不应该把自己的人生都花在工作上。更何况，有些加班还是毫无意义的。所以，我们需要做的是在上班时争分夺秒，尽可能多地做好本职工作，高效地完成应该完成的任务，下班后就好好地休息，享受自己的生活。

让我们和毫无意义的加班，说声"Byebye"。

3.　"能者多劳"，不过是"皇帝的新装"

职场上，我们总是能够看到能力强的人，他们做事效率高，能力出众，大部分是公司的骨干、精英；也能看到能力平庸的人，他们能够勉强完成本职工作，却也没有什么突出表现，在公司只能算是最普通的人。可很多时候，"能者多劳"却成为一个美丽的陷阱，让一些有能力的人比普通人做得更多，让一些普通人清闲、舒适起来。接下来，我们会发现这样截然相反的现象——一些人拼命干活儿，忙得连一口水都来不及喝，一些人却慢慢悠悠地工作，工作节奏特别慢。当前者向老板、同事抱怨自己活儿多的时候，只会得到这样的答案："你能力出众，能者多劳嘛。"更重要的是，就是因为这个"能者多劳"，老板开始把越来越"重要""紧急"的事情交给他，而他也越来越忙，甚至使自己不堪重负。

一次聚会上，我认识了一个叫李强的年轻人，他就是"能者多劳"的受害者。李强毕业于一所著名大学，能力出众，勤奋努力，很快掌握了公司的各项重要业务。当上司交代工作的时候，他会立即说："好，我马上做好。"然后，他开始加班加点地查资料、搜素材、写文案，做出一份高质量、有创意、有想法的计划书。而且，李强每次都比其他同事更积极主动，更能出色地完成工作。一次，上司交代同事小张做一个策划方案，小张接到任务后，开始着手准备写稿，可快到下班时间了，他还没有写完，便申请第二天再完成。可这份策划比较紧急，上司觉得小张已经尽力了，即便等到第二天也难更好地完成，便把这个任务交给了李强。李强没有说话，默默地接过这个任务，开始加班码字，熬到凌晨1点多才交出一份漂亮的策划。慢慢地，上司开始把部门重要的工作、紧急的工作，全部交给李强来做，而把那些不紧急的、简单的事交给其他同事来做。可一个人的精力和时间总是有限的，李强越来越无法承受这么多的任务。当上司交代他任务的时候，他有时也会推辞："经理，我手里还有其他工作没有完成，您能不能把这个任务交给其他人？"上司则总是笑着说："李强，你的能力比其他人强，做事也比其他人更出彩。能者多劳嘛！你就辛苦一下，多承担一些工作。而且，这是你锻炼、提升的好机会，对于你的升职有很大的帮助。"听到上司这样的话，李强就不好意思拒绝了。他的工作很辛苦，每日加班加点，天天都有做不完的工作、写不完的策划。他把大部分时间花在工作上，让自己的身心都疲惫不堪。一次，公司要筹备一个大活动，李强他们部门负责活动的策划、会议通知以及材料的撰写。不用说，这次重任又落在李强一个人的肩上。上司当着所有同事的面，说："李强，能者多劳，你的能力最强，一定要带领大家把这个活动做好。"结果那几天，李强每天都加班到12点左右，负责收集资料、写策划，其他同事则做一些联系客户、通知客户的事，早早就可以下班回家。可让他失望的是，他的努力好像没有获得预期的回报。这次活动做得非常成功，为公司吸引了一大批客户，在社会上也引起不错的反响。可在老板表彰整个部门的时候，上司却说大家都非常努力，根本没多提他一句。到了年底，公司评选优秀新员工，李强也没有被选上。事实上，李强就是中了"能者多劳"的陷阱，因为要证明自己的能力，不懂得拒绝上司交代的一个又一个任务，让自己陷于忙碌之中。如果要是能够获得回报，他的内心或许还好受点儿，可悲的是，就连这一点儿期望都落空了。

　　我相信，职场上类似李强的故事，每天都在上演着。之所以出现这样的情况，一方面是因为有些人想要在职场上立足，通过"多劳"

来取悦上司和同事，表现得非常勤劳，为他们分担更多的工作。另一方面则是因为，他们不懂得拒绝，受到"能者多劳"的欺骗。结果，因为他们说不出"不"字，只能不停地工作，内心快苦死了，身体也快累垮了。我们应该明白，有时当你的老板或是同事对你说"能者多劳"的时候，并不是想要赞美你，而是想要你心甘情愿地做更多的事情。说得严肃一点儿，他们正在剥削你。当他们说"你能力强，这件事情我只能交给你，我相信你做得肯定比别人更精彩"，这是对你能力的剥削；当他们说"你能力强，比别人更高效，能不能尽快把这件事情办了"，言下之意就是请你加班加点地完成某项工作，这是对你时间的剥削。用经济术语来说，你能力强，所以需要比别人干更多的活儿，比别人承担更多的任务。事实上，你的剩余价值正在被那些说"能者多劳"的人剥削。

"能者多劳"不过是皇帝的新装，是一些人企图把工作推给你的借口。当老板或是上司和你提"能者多劳"时，你应该坚定地拒绝，不要认为做好"分外"之事是理所应当的。即便"多劳"的结果是"多得"，你也可以勇敢地拒绝，更何况很多时候，"多劳"并不一定可以使你"多得"呢？而且，真正有能力的人，根本不需要用"多劳"来证明自己，讨好别人。那些不敢拒绝的人，只是一个"伪能力"者，因为他们连拒绝的能力都没有，还谈什么其他能力呢？

4. 那个委屈的"小白兔"，你的沉默不是金

女性进入职场最害怕的就是异性的骚扰。有关职场性骚扰议题的讨论，似乎从来就不曾平息过。这个问题，由于性格、年龄、生活阅历的不同，人们会给出不同的答案。有的人会采取直接的方式来反抗；有的人则担心得罪上司，只能委曲求全，保持沉默；也有的人想要保全自己的自尊，却又不想失去眼前的利益……不过，绝大部分女性是想要反抗却又不敢反抗。这些人选择沉默的原因，不仅仅是担心上司的报复，更重要的是怕流言蜚语，让自己的名声和自尊受到影响。

我认识的一位女性就遇到过职场性骚扰。她属于长得相当漂亮的美人，身材高挑，卷发披肩。一进入公司，她就受到男性同胞的欢迎，很多人愿意帮助她，有的还刻意想要讨好她。这也引起其他女同事的嫉妒。她们时不时就调侃她，说她是一个"十足的万人迷"。而她并不在意这些，认为只要自己努力工作，定能做出成绩，赢得所有人的认可。不久，她发现上司总是私下约自己吃饭、看电影。而为了避免不必要的麻烦，她则一律拒绝。上司是一个30岁出头的男性，已经结婚生子。不过，上司依旧找各种理由把她叫到办公室，名义是交代工作，实际上却没有什么重要的事情。而且，每次交代工作的时候，他的眼光总是在她的身上游窜。对于这种目光，她当然知道意味着什么。可上司并没有做出出格的行为，她就没有说什么，只是尽量和上司保持距离。或许是因为她的沉默，让上司觉得有机可乘。接下来，他的行为越来越过分，会突然靠近她，或是不经意地触碰她的

手，抑或是要求她下班后留下来加班，然后下电梯的时候把手搭在她的肩上、腰上……她明确知道，这就是职场性骚扰。可自己能够怎么办呢？直接打掉他的手，痛骂他一顿，还是直接辞掉这份工作？这是她好不容易找到的工作，薪资待遇都非常优厚，她不想轻易放弃。而且，对于一个女人来说，最重要的是名声，一旦说自己受到性骚扰，恐怕也会影响自己的名声。毕竟在其他同事眼里，她就是一个"性感、勾人"的女人。她告诉自己，只要把握好分寸，与上司保持适当的距离，尽量逃开他的骚扰就好了。事情的结果却出乎她的想象，不知从什么时候开始，同事们开始传播这样的谣言：她成了上司的情人，两人时常眉来眼去、勾勾搭搭。突然有一天，上司的妻子冲到她的面前，猛地给她一巴掌，然后大声痛骂她是"狐狸精""不要脸"，说她"勾引人家老公"。与其说她被打蒙了，还不如说被那个女人的辱骂击晕了。她想说自己是受害者，是上司一直在骚扰自己，可现在有谁相信她的话呢？看着别人不屑的眼神，再看看毫无愧意的上司，她只能快速地逃离那里，尽快办理了离职手续。

这位女性是职场性骚扰的受害者，可就是因为她不敢拒绝，用错了方法，让自己落得如此悲惨的下场。而那位"渣男"上司却依旧风光，没有付出任何代价。由此可见，对于职场性骚扰，沉默和逃避都没有用。委曲求全只能是助长"渣男"的嚣张气焰，让他们更为所欲为。到头来，受伤害最深的还是自己。对付职场性骚扰，最好的办法就是拒绝，一定要做到直接、果断，理直气壮。特殊情况下，你还应该拿起法律武器保护自己。保护好自己不受别有用心的人骚扰，不仅仅是你的权利，更是一种社交能力。虽然有些时候我们的确会遇到一些不公平的现象，被穿小鞋，甚至是丢了工作，而骚扰者却逍遥法外；或是因为没有证据而被别人误解，得不到公正的处理。但无论如何，这些都不是你沉默的理由。退一万步讲，即便你忍气吞声，就能够万事大吉了吗？当然不会！这不但会让你遭受伤害，还可能被骚扰者倒打一耙。所以，一旦遇到职场性骚扰，你一定要第一时间拒绝，直接声明自己的立场，让对方知道你不是任人欺负的"小白兔"。如果你想要维护面子，不想与对方撕破脸，那就有可能给对方传递错误信息，让他误以为你是欲擒故纵或是根本不敢拒绝。若是你勇敢些，任何人都不敢有越轨的行为。

雨菲也是一位美丽的职场女性，也曾遇到过类似的事情。可是，她却处理得非常得当，在公司里，男同事和上司别说骚扰她，就是一句过分的玩笑话都不敢说。她长得非常漂亮，进入公司后，个别不怀好意的同事时常会对她做出一些过分的举动，或是趁机摸摸她的头，或是说话的时候扶着她的肩膀。除了手头的小动作以外，有的人还会开些让人脸红的暧昧玩笑，或者说些带色情内容的故事。一开始，雨菲就直接地拒绝了这样的行为。男同事碰她的肩膀时，她总是开玩笑地说："请拿开你的'狗爪子'，否则我就不客气了！"男同事要是开暧昧的玩笑，她就会立即严肃地说："这一点儿都不好笑，你不会是笑点这样低的人吧。"结果，雨菲不但没有被人排挤，还因为能力出众、干练爽直，成为公司不可缺少的骨干，也因此赢得男上司和男同事的尊重。即便有些心术不正的人，也不敢对她有任何骚扰的行为。

对此，雨菲说："在职场上，很多事情都可以忽视，但是尊严却不能掉价。对于职场骚扰，你一定要大胆、果断地拒绝！不要考虑什么生计、薪资问题，一旦你沉默和忍气吞声，不但让自己恶心，还可能身陷险境。"

因此，勇敢一点吧！勇敢地拒绝职场性骚扰，不管是言语还是行为上，都要保护好自己不受伤害。

5. 客户不是全对的，你可以拒绝无理要求

"客户就是上帝"，这句话所有人都不陌生，绝大部分企业和职员也把这句话奉为真谛。为了让客户满意，绝大部分人会竭尽全力去满足客户的要求，甚至对客户的无理要求，也会为了不被领导批评、不被客户投诉，而选择隐忍和满足。很多时候，明明是客户不对，还得挨着巴掌陪着笑脸；明明客户对某个领域一知半解，还得按照他的要求来修改方案；明明超市禁止宠物入内，偏偏有客户偷偷地带宠物进来，跑丢了，还得东奔西跑地寻找。……我们要知道，在生意场上，全心全意为客户服务是对的，但是客户并不是永远都是对的。即便是上帝，也有不对的时候，不是吗？我们可以把客户当作上帝来看待，但千万不要对客户毫无原则地妥协和退让，更不能随意答应客户的无理要求。当你不懂得拒绝的时候，客户就会得寸进尺，提出不合理甚至过分的要求，而你只能打落牙齿往肚子里咽，委屈了自己，还讨不到好。

朋友公司有一个年轻的设计师，是最近才过来的。这个人学的是装饰设计，底子扎实，所以在应聘竞争中以明显的优势胜出。朋友也非常喜欢他，说他聪明有才华，踏实肯干，假以时日一定能够成为出色的设计师。可慢慢地，朋友发现了一个问题，这个年轻的设计师从不拒绝客户的要求，即便他觉得客户的要求不合理，也会说服自己隐忍，并且尽量地满足。一次，他为一个客户设计店面，秉承客户是上帝的原则，从最初的创意方案、图纸绘画到执行时的选材和用料，全部都一一和客户沟通。这个客户非常好说话，痛快地同意了

他的设计方案，并且预交了50%的定金。他不禁暗自庆幸，这一次终于遇到了"比较靠谱儿"的客户。可等到真正执行的时候，情况就发生了转变。这个客户开始提出各种意见，比如设计图是不是应该进行这样那样的修改，壁纸是不是选用明亮、显眼的颜色，地板是不是应该选用某种材料……尽管客户的这些建议并不合理，修改图纸会影响整体设计效果，壁纸的选色和整体色调有冲突，不过这个年轻的设计师还是接受了客户的意见，对自己的设计方案进行修改，甚至连门板上的一个小螺丝钉都按照客户要求进行了更换。结果工程结束后，客户对装修效果非常不满意，觉得他的设计有很大的问题。这些所谓的问题，其实都是按照客户的意见来装修的。但客户不管这些，要求设计师立即调整，还要公司承担延时装修带来的经济损失。这下，这个年轻设计师慌了，只好向公司汇报。朋友只好出面向客户道歉，赔偿相应的经济损失，也对他在工作中的失误进行了相应的惩罚。事后，朋友意味深长地拍着这个年轻设计师的肩膀说："年轻人，我知道你想要做出最好的设计方案，想要自己和客户都满意。可你应该明白一点，顾客并不是真的上帝，他们的意见你也不必都听。你是专业设计师，他们只是门外汉，提出的意见很多是不合理的。这时候，你应该用恰当的方法拒绝他们的不正当要求。"

没错，我们需要直接面对形形色色的客户，有时候竭尽全力地配合客户，可仍然会落不下一声好。因此，面对客户的无理要求，我们需要智慧，用笑脸面对，但不是毫无原则的妥协和退让。我们应该知道自己的底线，该拒绝的时候拒绝，该不答应的时候不答应。即便你不好意思或是不敢直接说"不"也不要紧，你可以选用适当的方法来拒绝。

某公司高管与国外一家公司进行谈判，主要内容是购买对方的技术。谈判中，国外公司开出非常高的价格，这位高管几乎磨破嘴皮与他们讨价还价，他们还是坚决不让步。因为国外这家公司根本不担心谈判失败，他们知道对方公司急需这个技术。情急之下，这位高管用自己的幽默拒绝了对方的高价。他说道："好吧！我同意你们提出的价格。如果我的公司不同意这个价格，我愿意用自己的工资来支付差额。但是，这就需要分期付款。你们觉得如何？"国外公司代表听了这句话，忍不住大笑起来，谈判氛围也有所好转。最后，那家公司终于同意降低价格，双方达成合作。

客户就是上帝，这句话的意思不是说我们要无条件听从客户，也不等于说我们就不可以对客户说"不"。当客户提出的要求过分、无理要求时，我们必须对客户说"不"。但是，拒绝要注意方式方法，不能引起顾客情绪上的不快，甚至触怒他们。比如，年轻设计师在拒绝客户的意见时说："你实在太外行了，根本不懂得设计！""你的意见根本不合理，我不能听你的"，恐怕结果会更糟糕。我们要拒绝客户，也要给客户面子，考虑客户的感受。最好的办法就是，让客户明白我们是针对事情本身，而不要针对个人。

总之，恰当地拒绝，满足客户的同时也给自己留点儿体面，如此才能潇洒地行走在职场。

6. 激怒客户的不是你的拒绝，而是你的态度

在与客户谈判时，我们的目的就是为自己争取最大的利益，说服客户接受我们的要求，拒绝客户提出的不合理要求。可以说，谈判不仅意味着让步，更意味着拒绝。有人说过这样一句话："若是没有让步，就没有成功的谈判；可若是没有拒绝，就没有了让步，同时也没有了谈判。"很多时候，如果你不能把握好拒绝的分寸，把话说得不恰当，不仅会激怒客户，让自己失去良好的形象，还会导致谈判破裂，造成全盘皆输的后果。我们知道，价格是谈判的关键，买方总是想尽办法压低价格，以最低价格拿下最好产品；而卖方则费尽心思提高价格，希望自己的产品带来更好的效益。于是，双方难免在价格上纠缠，甚至引发一场拉锯战。

这不，付磊就陷入这样一场价格拉锯战。付磊是一家科技公司的老板，正在与一家科技研发公司谈判，商讨无人机技术转让相关事宜。这项技术在国内市场上方兴未艾，并且有极好的发展空间。如果他能够以合适的价格拿下，他的科技公司就会得到迅猛发展，并且在国内市场上占据一席之地。可是，对方公司竟然报出1000万的高价，比他预期的600万几乎高出1倍。付磊想早些达成协议，他知道越是尽快进入市场，自己的优势就越明显，越能获得更多的利润。经过几天的谈判，对方还是不肯做出大的让步，只是提出降低10%的价格。眼看谈判陷入"僵持"状态，付磊的情绪变得急躁起来，也失去了说话的分寸和礼貌。所以，当对方给出这一提议时，他立即反驳道："不行，你们的报价实在太高。我最高能够出到800万，否则我们就不用

再谈下去了。"其实，在谈判过程中，一方拒绝另一方的要求，否定另一方的提议，是最正常不过的事情。你的拒绝和反驳应该做到有理有据，有礼有节，否则谈判就会演变为一发不可收拾的争吵。这一下，他的态度彻底激怒对方，对方毫不示弱地说："你这是什么态度？我们有权利提出自己的意见，你要是不同意，拒绝就是了，有这样谈判的吗？既然你不想谈下去，我们的谈判就彻底结束了。反正，我们的技术是最先进的，现在很多公司抢着和我们合作。"这时付磊后悔自己刚才的口不遮拦，不应该把负面情绪带到谈判桌上。他知道，这家公司的技术最先进，一旦错过，将会给造成自己巨大损失。为了防止事态继续恶化，付磊只能真诚地道歉，请求对方谅解，并且做出巨大让步，以对方的价格签订了合约。

激怒对方的并不是付磊的拒绝，而是他的强硬态度。高超的谈判手能够巧妙地拒绝对方的提议，反驳对方的想法，但是绝不会说出"不行，我不同意你的观点""你得同意我的提议，否则我就不谈了"这样的话。因为这样的话，会让自己彻底陷入劣势，甚至直接导致谈判破裂，即便你是为了逼对方就范。

拒绝是一种态度，也需要一定的策略。同样是对方提出高价，且不肯做出让步，下面这个拒绝就显得更有策略性，也不会引起对方不满。

一次，某公司与一家农业加工机械厂家进行谈判。这家公司的谈判代表面对对方高得出奇的报价，巧妙地采用问题法加以拒绝。他不缓不慢地提出几个问题，"不知全国生产此类产品的公司有几家？不知贵公司的价格高出同类公司的依据是什么？不知世界上生产此类产品的公司有几家？不知贵公司的产品价格高于国际价格标准的依据又是什么？"

显然，这样的拒绝比"不行，我不同意你的价格。你的价格比国内同类公司甚至国际知名品牌都要高。""我只能出XX，你不同意，我们就没有必要谈了"聪明、有智慧得多。

事实上，听了这些问题，对方公司也会同意把价格降下来，因为他们知道自己的价格太高了。

我们要知道，拒绝本身只是一种手段而不是目的。对于谈判来说，你的目的是为了获利，为自己争取最大的利益，而不是拒绝对方。所以，在这个过程中，我们一定要掌握拒绝的技巧，端正自己的态度，切不可因此而激怒客户，导致谈判失败，而给自己造成不可估量的损失。

7. 拒绝上司的话，应该巧妙地说出口

不可否认，职场中最难拒绝的就是上司，直接拒绝的话，很可能会惹恼和得罪上司，影响自己职业的顺利发展。所以，很多人不敢对上司说出拒绝的话，即便有拒绝的想法，也不知道怎样巧妙地把拒绝的话说出口。可是不拒绝，很多时候你确实无法完成上司交代的某件难事，或是上司的指挥干扰了自己的正常工作，抑或是无法承担上司不断增加的工作量。这种情况下，你应该怎样做呢？其实，拒绝上司并没有什么困难，拒绝的话也没有什么不好说出口的。只要你掌握好说话技巧，就可以轻松地解决这个问题。这是因为，绝大部分上司都是讲道理的，如果你能够运用巧妙的语言，有理有据地说出拒绝的话，上司必定会理解你并同意你的建议，并不会因此而责怪、为难你。

我曾经听过一个关于东汉时期宋弘拒绝光武帝刘秀的。宋弘才德兼备，为人和善，又善于纳谏，所以很受光武帝的器重和赏识。一天，宋弘遇到少年时期的朋友，而那位朋友自认为身份低贱，不敢与宋弘相认。可是，宋弘不但不嫌弃友人，与他热情地相认，还把友人安排在家中，盛情款待。这件事情恰巧被光武帝的姐姐湖阳公主看见，她非常钦佩宋弘的仁德、善良。丈夫去世后，公主看中了品貌兼优的宋弘，并且表示非宋弘不嫁，逼着光武帝帮忙提亲。光武帝拗不过姐姐，只能勉强答应。

这一天，光武帝召见宋弘，想要婉转地表达自己的想法，于是试探地说："人们常说，一个人的地位高了，就会换掉自己的朋友；一个人富贵了，就会换掉自己的妻子。你觉得，这是人之常

情吗？"宋弘早就知道光武帝的意图，也明白湖阳公主的心思。但是，他认为自己不能辜负相濡以沫的妻子，因为这有违自己的为人原则和道德标准。可他也知道，自己不能直接拒绝皇帝的提议，否则就会有损皇帝和公主的颜面，有冒犯龙颜的危险。在这两难之时，宋弘灵机一动，选择用一句古语来委婉地表示自己的拒绝态度。他说："陛下，臣下还听说'贫贱之交不可忘，糟糠之妻不下堂'。我认为：这才是真正的人之常情。"听了这句话，光武帝就知道了宋弘的态度，觉得他是有情有义的忠臣，自然再也没有提及湖阳公主的婚事。这个故事就是"糟糠之妻不下堂"的由来。宋弘是一个念及旧情的人，不想违背道德，抛弃贫贱的妻子，另娶身份高贵的公主。可是他也知道，皇家的颜面不能受损，一旦自己直接拒绝，或是说话不恰当，就会招来杀身之祸。所以，他聪明地引用名人名言、俗语来说服光武帝——自己的上司。这不仅表达了自己的拒绝之意，还使得自己的拒绝更有力量。所以，我们应该学习宋弘，在拒绝上司要求的时候，多引用一些名人名言或谚语，以增加话语的权威性与可信度。相信，这要比简单的拒绝更能说服上司，并且避免让自己和上司陷入尴尬的境地。

当然，拒绝上司还有一个最大的禁忌，那就是直接和上司硬碰硬，在大庭广众之下拆对方的台。要知道，上司最看重的是自己的威严，你直接当着所有人不给上司留情面，他怎能不生气、翻脸？很多时候，有些上司还会表面不在乎你的拒绝，私下却对你怀恨在心，日后逮着机会给你"穿小鞋"，甚至炒了你的"鱿鱼"。这就要求我们在拒绝上司时最好是私下与对方交流，并且学会温和地提出意见，迂回婉转地拒绝领导的提议和安排。

这一天是思成和女朋友相恋1周年的纪念日，他早就买好了礼物，准备和女朋友好好地庆祝一下。可离下班还有10分钟时，上司大声地说："各位注意了，今天我们部门拿下一个大订单，我请大家吃饭、唱歌。所有人必须出席，任何人不能例外。"接下来，上司便征求大家的意见，商量到底去哪里庆祝。思成一想：这下可坏了！上司要求所有人必须参加，自己拒绝的话，肯定会得罪上司。叮纪念日这么重要的日子，肯定也不能丢下女朋友一个人。否则，自己就有重新恢复单身的危险。思虑一下之后，思成并没有当众和上司说"领导，我不能参加聚会"，而是给上司发了一条微信："领导，咱们部门拿下这么大单子，我实在是太高兴了。这都是您领导得好，再加上所有同事的共同努力。"随后，他话锋一转，说："我非常想参加聚会，可是今天是我和女朋友相恋1周年的纪念日，已经约好享受浪漫的时刻。我能不能和您请个假？您也知道，我好不容易找到女朋友，如果这次爽约的话，恐怕就只能打光棍儿了。要不是因为女朋友，我哪敢和领导讲条件啊！"发完微信，上司转过来看了看思成，而思成也微笑地看着上司。一会儿，上司回了微信："你小子，平时看着蔫蔫儿的，没想到还这么幽默。好了，就放你一马，你和女朋友享受甜蜜去吧。"看到这句话，思成马上偷偷地给上司敬了一个礼，而上司则笑着摆摆手。

看吧！虽然上司强调"所有人必须参加，任何人不能例外"，但是面对思成的拒绝，他还是高兴地接受了。这就是因为，思成没有与上司硬碰硬，更没有让上司丢了面子，所以他的目的轻松地就达到了。

其实，一次拒绝根本不是什么大事，只要我们巧妙运用语言，不让上司尴尬，并说出自己拒绝的理由，必然可以获得对方的理解。毕竟，即便是在职场上，每个人都有拒绝的权利，都有独立的人格。更何况，如果你当时因为怕得罪上司，不敢说出拒绝的话，事后却抱怨连连，不尽心尽力地办事，或是把事情办砸了，反而更将招来上司的反感。

8. 拒绝下属，关键是不影响其积极性

职场上，你是下属，也是领导。作为下属，拒绝你的上司时，你需要谦虚谨慎，掌握说话技巧；同时，作为上司，你在拒绝下属之时也不能太过于简单粗暴。比如，下属向你提出合情合理的加薪要求，你却一口回绝，不给下属任何理由，恐怕这样的拒绝没有丝毫的说服力，甚至会打击下属的积极性。再如，下属家中有急事需要请假，你却不问缘由地拒绝，下属很难接受你的冷漠态度，甚至会愤而辞职。可以说，作为上司，虽然你不可能什么事情、什么情况都满足下属，但是也不能随意地拒绝下属，更不能把拒绝当作简简单单的事情。否则，你根本无法做好管理工作，更无法让部门正常运转下去。实际上，凡是聪明的领导，都懂得如何巧妙地拒绝下属，既可以让自己的拒绝合情合理，又不影响下属的情绪。

一次聚会的时候，我认识了一个新朋友，他在一家科技公司做部门经理。在交谈过程中，我觉得他是一个非常善于说话的人，每句话说得都让人非常舒服。席间，他说了这样一件事情：他的部门有一位经验丰富、能力出色的业务主管，在公司工作三年，做得很出色。一天，这位主管找到他，说自己想要调到市场部门，而且市场部经理已经承诺给自己升职加薪，希望他能够放自己走。按理说，他应该答应这位主管的要求，因为每个人都有选择的权利。可是，现在整个部门根本离不开这位主管，一旦他离开了，自己短时间内无法找到更合适的人。而且，他也舍不得放这位主管走，因为这位主管确实非常优秀。可这个朋友并没有直接拒绝这位主管的要求，而是笑着

说："常言说，人往高处走，水往低处流。你希望谋求更高的职位和发展，我可以理解，也理应尊重你的选择。不过，老李，你知道，你是我们部门的主力，我是真的离不开你。"接着，这位朋友又说："老李，你的工作表现一向不错，成绩我也都看在眼里。你是不是对我有什么意见？没事，如果有的话，尽管提出来。"这位主管摇着头说："没有，没有。"这位朋友觉得这位主管可能有什么难言之隐，便耐心地说："没有关系，你和我共事三年，虽然名义上是上下级，可是我一直把你当兄弟。如果你有不满的地方，可以和我坦诚布公地谈谈，否则你就这样走了，我们两人都会觉得不舒服的。不是吗？"听他这样说，这位主管深呼吸一下，然后说道："坦白说，我是有些疑惑。在咱们部门工作三年，我自认为尽到了职责与义务，可以说是尽职尽责。虽然我的工作还有缺点和不足，但自己还算能力不错，业绩也非常好。"这位朋友立即赞同地说道："是的，我非常赞同你的话。你的能力和业绩都是我们部门最突出的。"这时，这位主管不解地问："那为什么上次您推荐XX到市场部做主管，却没有推荐我？我自认为不比他差啊？"接着，这位主管承认，这件事情让他心有不甘，还一个劲儿地猜测：经理是不是对自己不满意？自己这些年在部门表现突出，为什么被提拔的不是我？他越想越不安，觉得自己的能力受到领导的质疑，再加上市场部经理向他提出邀请，便提出调换部门的要求。直到这时，这位朋友才明白这位主管误会了自己。他笑着说："原来是一场误会。你的工作表现非常出色，而且我对你寄予厚望。我没有推荐你到市场部，是因为我不想你这么出色的人才流失掉。而且，我打算向公司推荐你做咱们部门的经理。"一听这话，这位主管惊讶地站起来，说："为什么？您是高升了吗？"这位朋友笑着说："总公司决定在XX城市成立新的分公司，希望我能够到那边开拓市场，而我已经同意了。我觉得你完全可以胜任咱们部门的管理工作，所以向老板推荐了你。"最后，这位朋友说："你看，你现在还要调换部门吗？如果你执意想要过去的话，我也不会强加阻拦，毕竟市场部主管的位置也很有前途，一定能发挥你的才能。"他都这样说话了，这位主管又怎会坚持选择调职呢？最后，他说："我决定不走了，经理。我一定好好努力，不会辜负您的信任。"

看吧！不同的说话方式，结果就是截然不同。如果这位朋友直接说，"不行，我不同意你调换部门。我这么器重你，你怎能这样没良心呢？要知道，我可是向领导推荐了你，想要让你接替我的位置"，恐怕这位主管也只会把这当作他"不肯放人"的借口，从而更加抱怨连连。如此一来，即便留了下来，他的工作又怎能做得好呢？而这位朋友就不同了，他没有说任何带有否定意味的话，先是用肯定性话语让这位主管知道自己的能力和业绩是受领导肯定的，知道自己的部门领导离不开自己。这样一来，之后的话就更具有说服性，更容易让他相信。正因如此，这位主管才彻底被说服，没有因为上司的拒绝而有任何不满，反而更加感激上司的器重和提拔。由此可见，在拒绝的过程中，说话方式非常重要。说对了话，我们就可以驾驭别人的心理，让对方心甘情愿地接受你的拒绝；可一旦说错了话，即便你的初衷是好的，那也无法赢得别人的谅解。

那么，作为上司，如何巧妙地拒绝下属又不影响其工作积极性呢？

1. 面对下属的合理要求，最有效的方法是委婉地拒绝。

如果下属的要求是正当、合理的，上司就要认真对待，切不可随意拒绝，否则不但会挫伤下属的工作积极性，也会使你的领导魅力大打折扣。比如，下属要求加薪，或是正常地调动部门，上司可以进行委婉拒绝。首先肯定下属的工作能力以及自己对他的良好印象，然后再谈谈公司目前遇到的经济困境和公司的发展前景。这样一来，下属就更容易接受你的拒绝了。

2. 给下属一个合理的理由。

下属在提要求的时候，通常已经做好两种准备：一是被接受，二是被拒绝。这个时候，如果你能冷静下来，听听下属提要求的理由。比如，为什么要求加薪、要求休假，之后再给出针对性、有说服力的拒绝理由，下属就不会觉得你独断专行，不顾及他们的想法，从而更容易接受拒绝。

3. 可以用其他方式补偿下属。

如果你不得不拒绝下属的要求，又不想打击他们的工作积极性，不妨尝试用其他方法来补偿。比如，下属要求调换部门，可能是因为对薪资不满，你可以给予其加薪的奖励。当然，对于下属提出的合理要求，上司能满足的就应尽量满足；实在满足不了，拒绝的时候也应委婉、真诚。拒绝之后，尽量对他表示关心，避免伤及员工的情绪和工作积极性。这对下属、上司和公司都是有好处的。

第五章
DIWUZHANG | 若被同事要求时，别总憋屈自己做老好人

当某个同事开口对你提出要求的时候，他的心里早已经准备好了两种答案：一是你的帮助，二是你的拒绝。所以，不管你给他任何答案，都是他意料之中的。既然如此，当你遇到做不到或是不愿意做的时候，何必委屈地帮了同事，却为难了自己呢？

1. 你的时间不是为别人解决"举手之劳"的

　　小雪刚进公司的时候，觉得自己是个新人，一定要尽快和同事打成一片，融入办公室这个小圈子。于是，她总是帮助同事做些事情，甚至还主动要求帮助别人。慢慢地，小雪做的事情越来越多。比如，每天小雪总是早早地来到办公室，收拾桌面时顺手把其他同事的桌子也打扫干净；每逢周日值班的时候，只要谁开口让她帮忙值班，她都满口答应下来；她去打印文件，其他同事也会随口说："亲爱的，帮我打印一份吧！"炎炎夏日，同事们都不愿意外出吃饭，而小雪则会帮大家点餐、打包，有时还会买些冰镇可乐带给大家。一段时间下来，小雪成为同事们公认的"大好人"。可随着工作的增加，小雪渐渐地忙碌起来。自己的本职工作，再加上帮助同事处理一些事情，让小雪实在应付不来。很多次，小雪因为帮助同事复印文件、跑腿送快递而不得不加班到晚上10点多。本来她就非常委屈，周会上还遭到上司的批评："小雪，我以为你的工作能力不错，可为什么工作效率这么低呢？"小雪想要申辩，却不知道说什么，只能低着头接受上司的批评。当她把这件事情和闺蜜说的时候，闺蜜没好气地说："谁让你逞强的，总是应下一大堆事儿？"小雪则说道："我总是想这是举手之劳，而且别人都开口了，我怎么好意思拒绝人家？"听了这话，闺蜜摇摇头说："总有一天，你会因为不会拒绝而吃亏的！"没想到，这一天来得还真快。这一天，老板让小雪给客户送一份资料，并且提醒她说这份资料非常重要，必须在下午3点之前送到。小雪刚要出发，一位同事就问道："小雪，你要外出吗？能不能帮助邮寄一份快递，这是给客户邮寄的资料，人家催着要呢？"小雪有些为难地说：
"不好意思，我想我不能帮你了。老板说这份资料非常重要，我必须
在3点之前送到。"那位同事继续说："哎呀，这只是举手之劳吗？
而且，你可以先送老板的资料，然后再给我邮寄快递啊。放心，这样
不会耽误你的事情的。"听同事这样说，小雪也不好意思拒绝，于是
便答应下来。可她给客户送完资料，正想着帮同事邮寄资料时，就接
到老板的电话。电话那边，老板怒气冲冲地说："你究竟是怎么办事
的？客户说你的资料送错了，这是怎么回事？"小雪一下子蒙了，立
即拿出那份还没有寄出的资料，这才发现自己把两份资料弄混了——
它们都是用公司的专用资料袋装的，很难发现区别。小雪立即赶到客
户公司，更换了资料，并且不断地赔礼道歉。小雪一回到公司就被老
板叫进办公室狠狠地训了一顿。在老板的追问下，她不得不说出帮同
事邮寄资料的事情。老板生气地说："你凭什么在工作时间帮别人做
事？再说，你的本职工作做好了吗？自己的事情都没做好，你又有什
么资格帮别人做事？作为一名员工，最重要是知道自己的职责，做好
自己本分的工作。"就这样，小雪在老板眼里留下了坏印象，那位同
事也抱怨小雪"出卖了她"，之后处处针对她。没有办法，小雪递交
了辞职申请，黯然离职了。

　　小雪之所以有后来的结果，就是不懂得拒绝，完全是咎由自取。
她对于同事有求必应，结果把自己分内的工作给耽误了。遭到上司
的批评，却依旧不好意思拒绝，任由事情发展，结果害得自己只能委
屈辞职。生活中，小雪这样的人不在少数，把帮助同事处理事情当作
"举手之劳"，甚至把别人的事情放在首位，结果让自己活得很忙
碌、疲惫，内心也很憋屈。可我觉得，可怜之人必有可恨之处。若不
是他们不懂得拒绝，总是用自己的时间帮助别人做事，不然怎会如此
呢？职场上，第一要务是做好自己的事情，而不是帮别人。而且，这

个世界上根本没有所谓的"举手之劳",那只是一些懒人为了让自己轻松的借口罢了。任何"举手之劳",即便是最微小的事情,比如倒杯水、打印文件,都需要消耗你的时间、经过你的努力才能做到。更有甚者,很多人总觉得别人应该帮助他们,认为别人做什么都不过是"举手之劳",丝毫不费力气就能完成。在他们眼里,别人好像没有本职工作一样,就应该帮助他们解决"举手之劳"。一旦遭到拒绝,他们就会委屈控诉,指责对方"冷漠""不是好人"。有这样一句话:"善良不是你的义务,举手之劳只是助人者的谦辞,而不是受助者的理由。"所以,工作时,当同事向你提出"举手之劳"时,你不要勉强答应,而是应该大胆拒绝。你可以说:"不好意思,你看我手头的工作还没处理完。如果你不着急的话,我下班之后再来帮助你,好吗?""我现在实在脱不了身,你可以自己解决吗?或是能不能先请别人帮忙?"你也可以把领导搬出来,说:"不好意思,领导说我必须在一小时内交了这份计划书,所以我不能帮你!""哎呀,这份资料领导急着要呢。我打印好了,得直接给领导送过去!"

聪明的人会管理自己的时间,并且依照自己的意愿支配时间。如果一味地让自己陷入繁忙之中,帮助别人解决他本应该完成的事情,只是浪费自己的时间。而且,如果你没有拒绝的意识,把帮助别人当作"自己分内的事情",时间长了,对方也会认为你的帮助是理所应当的。请记住:你的时间并不是为了帮助别人解决"举手之劳"的,一旦你将自己的时间都用来帮别人做事,却没有完成自己的事情,不仅会引起老板的反感,最终还将一事无成。

2. 这是我的秘密——对打听你隐私的人说"不"

　　与同事相处，太远了不好，不利于同事间的团结、友爱和协作，也会让人觉得你不合群，过于孤傲；太近了也不好，容易被上司误解你搞小圈子，被他人怀疑你侵犯对方隐私。换句话说，同事之间应该保持一种友好、协作的伙伴关系，彼此心照不宣地遵循"办公室规则"——只谈工作，不谈私事。你不要打探别人的隐私，在别人想要打探你的隐私时，你也应该理直气壮地拒绝。事实上，很多人没有区分好职场和生活的关系，会有意无意地向同事泄露自己的隐私。一家人才网站就曾经做过这样的调查，结果显示，逾半数职场人会向同事透露隐私，其中"会向关系很好的同事透露个人隐私"的占54.35%，"对同事很少保留隐私"的则占4.35%，而"绝对不会向同事透露个人隐私"的仅仅占26.63%。如果隐私不幸被泄露，他们最关注的是公司和同事怎么看待自己。其中，选择找领导和同事交流的分别占14.67%和25.00%。16.85%的人最不愿意自己的隐私被公布于众，甚至会选择断然辞职。当然，有人觉得无所谓，甚至会当什么事都没发生，这两者分别占29.89%和13.59%。

　　说到这里，我们不妨看看，什么是隐私？其实，隐私的概念比较广泛，但无非包括三个方面：一是你个人及家庭的情况，比如身高、体重、血型、身体缺陷、健康状况、财产收入、家庭人员的具体情况等；二是你的私人活动和关系，比如爱情、婚姻、夫妻关系、感情秘密、爱好信仰、不光彩的历史等；三是你的私人空间和领域，比如住宅隐私、通信秘密等。就职场来说，身高、体重、血型等都不算是隐私，可收入情况、爱情婚姻、感情经历以及不光彩的历史等都属于隐私，最好不要随意和同事谈论。一旦涉及了隐私话题，即便是最熟悉的同事，也会成为陌生人，甚至还会给自己招来麻烦，甚至会影响事业发展。

小米是一个心无城府的人，对身边的朋友掏心掏肺，所以赢得了很多朋友的喜欢。进入职场后，小米依旧没有任何防人之心，对谁都以诚相待。别人问她什么事情，即便是涉及隐私，她也是如实相告。比如聊天儿的时候，同事问她父母是做什么的，有没有男朋友，家里条件怎样之类的问题，她都不会拒绝，就差点儿把自己的祖宗十八代交代得一清二楚。虽然大学同学都劝她说职场不比日常生活，最重要的一条规则就是和同事保持安全距离，不要太亲密无间，更不要随意把自己的私事告诉他人。可小米不以为然，觉得自己只要心怀坦荡，就没有什么不能和别人说的。一次，小米和一个女同事一起出差，两人关系本来就不错，这次出差更加深了友情。这个过程中，两人谈及感情问题，还谈到自己的男朋友、前男友。小米告诉女同事说自己大学时期交过一个男朋友，两人感情不错，可毕业后男朋友却劈腿了，和一位"白富美"迅速结婚。听了这话，那个同事不断地安慰小米，还说什么"旧的不去，新的不来"。谁知，之后这位同事却拿这件事情来嘲讽、攻击小米。原来两人曾合作一个项目，最后关头却因一个小错误导致项目失败，两人遭到领导的严厉批评。那个同事回到座位上，立即埋怨地说："都怪你，害得我被领导责骂！"小米一头雾水，说："这个项目是我们一起做的，怎能把责任都推到我的身上呢？"那同事气急败坏地说："当然是你的错了。你就是一个笨蛋，什么事情也做不好，还拖别人的后腿。要不然，你男朋友怎么会甩了你，和人家'白富美'结婚，还不是嫌弃你是一个笨蛋、蠢货。"小米顿时愣在原地，不知道说什么好。没多久，小米被甩的事情就在全公司传开了，弄得她根本没有脸再继续待下去，只能选择辞职。幸好小米得到教训，之后再也不随意和别人谈及自己的隐私。她学会了保护自己，也学会了圆滑地应对职场关系。她发现自己的人缘儿并没有变差，反而更如鱼得水。可见，职场并不是谈及隐私的地方，或许你心怀坦荡，但也有可能被有心人利用，让它成为攻击你的利剑。小米坦诚没有错，但是忘记了分寸和场合，把自己的感情经历说给同事听，最后害了自己。知无不言，并不适合职场，尤其是涉及自己隐私的时候。我们需要和同事搞好关系，但也要做到公私分明，和同事保持合适的距离，该说的尽情说，不该说的一句也不说。而且，你不要害怕尴尬，更不要怕得罪人，若是对方想要谈及隐私话题，你完全可以说："这是我的秘密，无可奉告。"你有了自己的原则，并且明确表示，"我的隐私拒绝打探，请大家不要逾越这条安全线"，别人自然不会厚着脸皮窥探你的隐私。当然，拒绝需要说得有技巧，控制自己的情绪，即便做不到笑脸相迎，也应该力求委婉、不得罪人。如此一来，你的拒绝才能起到保护自己的作用，并且让自己成为一个真正受欢迎的人。

　　同事之间的距离看起来"这么近"，但实际上却又"那么远"。所以，请保护好自己的隐私，将话题集中在工作上。

3. 被逼问工资，为什么感到尴尬的反而是你

　　薪资是一个隐秘的话题，可很多人遇到过被同事追问工资的情况。有的人真的很奇怪，明明知道大部分公司有类似的规定——员工要做好薪酬保密，不得私自谈论或是打听别人工资。他却依旧喜欢打听，甚至有打破砂锅问到底的架势。

　　一个朋友就遇到了这种不懂得礼貌、不懂避嫌的人。这位朋友非常出色，前段时间刚被一家公司挖走。到岗之后，人事经理和他打招呼说，虽然你的职位和其他人一样，可由于你是老板挖来的，所以工资比其他人略高，你最好做好保密工作，避免引起其他人不满。朋友自然懂得这个道理，于是凡事低调、不张扬，也不和同事说自己是被老板挖来的。可他座位旁边的一位同事也是刚进入这家公司，话里话外都在打听他的薪资待遇。朋友不好意思得罪他人，每次只能尴尬地笑笑不做应答，要不就是立即转移话题。一天，公司为了迎接他们这批新人，在一家会馆举行员工聚餐。当朋友正低头吃饭时，那个同事坐了过来，一边敬酒一边神秘地说："喂，你的薪资到底是多少？我问了你好几次，你都没有说。现在是私下场合，没有人注意我们，你就偷偷告诉我吧，我绝不会和别人说的。"朋友见这个同事如此执着，也不好意思不说话，但又不能违背自己的承诺，便打哈哈说："我们都是同一时间来公司的，工资应该一样。"谁知那个同事并不想让朋友这样蒙混过关，继续追问说："不会吧，我听说你的工资都比我们高。"朋友大吃一惊，心里嘀咕道：他怎么知道这件事情？可转念一想，就知道了这人可能是诈他。于是，他继续

说："怎么可能呢？"见那个同事还想继续追问，朋友只能借口上厕所离开座位，之后私下尽量不和他说话，见到他也是绕着走。一次朋友和我们说了这件事情，我们开玩笑地说："不能告诉他，你就直接拒绝，怎么好像自己做错事情一样。"朋友无奈地说："我也想直接拒绝，可是职场关系有多敏感你不知道吗？直接拒绝就是一句话的事情，可伤了对方面子，破坏了同事关系，可不是一件小事。"

相信，很多人有过像这位朋友这样的苦恼吧。直接拒绝，怕得罪人，破坏同事之间的关系；不拒绝，又破坏了公司规章制度，得罪了老板，最后没准儿还落得破坏团队团结的罪名。其实，遇到这样的问题，说难处理也难处理，说容易也比较容易。只要你能够掌握好方式方法，就可以轻松地逃过同事的逼问。比如，对方在聚会、外出时间追问你，你可以说："现在是休息时间，我们不谈工作好吗？"或是选择打哈哈，说"我们的工资都差不多""没有多少钱，就勉强够我花销"。当然，你还可以选择幽默的方式拒绝，如果追问你的是女性，你可以说："男人的工资和女人的年龄一样，都是不可说的秘密。"或是你本身是女性，也可以这样说："我们女人的工资和年龄一样，都是不能说的秘密。"如果你是新员工，老员工向你追问工资，你可以先恭维对方一番："李哥/李姐，我听说您的能力很强，我初来乍到，肯定没有您的能力强，工资自然也没有您高。"如此，对方也就不好意再追问下去了。若你是老员工，遇到新员工追问工资的情况，则可以趁机表示关心："你新来公司，还什么都不熟悉吧？不过不用害怕，以后我会帮助你的。现在，公司非常重视新人，你们这些新人肯定不比我们工资少。"或者，你还可以用夸张的说法缓解问题："我的工资还没有到所希望的水平。不过，我会继续努力的，争取早日实现目标。"若是你想要维持好的人际关系，不想得罪同事，完全可以运用上面的方法拒绝。相信只要这些人懂得道理、有眼力，便会主动停止这个话题。若是有不懂得礼貌是何物的人，时不时追问你，或是别有用心地打探，你也根本不需要顾及他的面子，可以直接对他说："对不起，这是我的隐私，我不想谈论。"或是："对不起，我不能说，公司有这样的规定，难道你不知道吗？"况且，追问别人工资本就是不礼貌、侵犯别人隐私的行为。面对这样的情况，你完全不必感到不好意思，更不用觉得尴尬。在我看来，觉得尴尬的人应该是那些不识时务的人。你说呢？

4. 拒绝闲聊，赶走浪费你时间的人

　　工作时是不是总有人跑来找你闲聊，打断你的工作，浪费你的时间？确实如此，很多公司都有喜欢闲聊的人，他们的工作或许不忙，或是已经完成工作，于是便想要与人谈天说地，根本不考虑别人是否有时间，或是正在忙重要的事情。比如，你正忙着完成一项计划书，你的同事却突然凑了过来，神秘兮兮地说："我和你说，今天我发现一个秘密……"你想清醒一下头脑，尽快完成手头的工作，可同事却拿来零食和你攀谈，且丝毫没有离开的意思。你正和同事商谈计划书，另一同事却掺和进来，且一个劲儿地说没用的事情，还妄图把话题越扯越远。……仔细观察你会发现，爱闲聊的人总是以这样的话语开头："你知道吗？""我跟你说一个秘密……""我这里有一个大新闻……"然后，他就开始绘声绘色地说自己的故事，一旦你不坚定地拒绝，他的话题就会越扯越远、没完没了。或许直到下班，他们还意犹未尽。诚然，有时候闲聊可以增进你与同事之间的感情，活跃办公室的气氛。可闲聊非常浪费时间，不知不觉中就会浪费你的大把时间，让你无法高效工作。所以，虽然很难开口，但是拒绝闲聊，是你在职场上必须掌握的一个技能。你想要高效完成工作，不浪费宝贵的时间，就一定不要让同事的闲聊来打断你。就算他不爱惜时间，你也不能任凭自己的时间被他的东拉西扯和八卦闲事白白占据。

　　说来容易做来难，是吗？但情况并非如此。一个朋友就曾有这样的经历：前段时间，朋友和我说："我发现，现在我的工作效率越来越低了，在办公室处理工作的时间也越来越少。"我不解地问：

"怎么会这样？"他无奈地说："开始我也很苦恼，找不到效率低的原因。直到最近，我才发现这完全是因为我的时间都被闲聊所占据了。"接着，朋友说出自己的经历：前段时间公司来了一位新同事，热情乐观，很快就和同事们打成一片，朋友也不例外。这位同事非常喜欢聊天儿，一有空闲就会找人聊天儿。很多次，朋友正在忙工作，他就悄悄地凑过来，然后说："我们出去抽支烟吧。"朋友不得不停下手里的工作，和这位同事抽烟。然后，他和同事一边抽烟一边闲聊，不知不觉时间竟过去半个多小时。还有的时候，朋友正和这位同事商谈工作上的事情，突然他却说起其他事情，比如昨天的新闻、之前的球赛、某个客户的无理取闹等。朋友说："那段时间我非常苦恼，本来花一个小时就能完成的工作，由于被干扰却不得不花上3个小时。正常的工作被打断之后，我不得不重新开始整理思路，这比一次性将工作完成要困难得多。要知道，我之前从来不加班的，那段时间却不得不时常加班。"我惊呼道："那你可以拒绝他的闲聊啊！"朋友若有所思地点点头。没过几天，朋友就笑着说："现在，我的问题解决了。开始的时候，我还有些不好意思，后来觉得这样下去不是办法。不拒绝的话，只能耽误自己的工作，浪费自己的时间。于是，在他又一次找我闲聊之时，我直接说：'不好意思，我手头的工作非常重要，现在没有时间和你说话。等我完成工作之后，我们再聊好吗？'"朋友停顿了一下，接着说："你猜怎么了？在我几次拒绝他之后，他竟然再也没有找我闲聊过，而且并没有什么不满和抱怨。"通过这位朋友的经历，我们可以知道，拒绝闲聊并不是非常困难的事情，关键在于你的态度。

当然能和同事聊天儿是一件快乐的事情，有利于处理好同事间的关系。但是，不分时间和场合的闲聊，会让我们无法高效工作，甚至耽误诸多重要工作。所以，在这个问题上，你至少要做好这一点，那就是不能随时接受别人的闲聊，赶走那些想要与你闲谈的人。这样做并不是因为你对某些同事有意见，而是因为他们的闲聊会浪费你的大把时间，让你无法做真正想做的事情。

记住，你可以管理自己的时间，不随意被别人打断，甚至任人摆布。事实上，拒绝闲聊也不是困难的事情，你应该让所有人知道你的工作方式——工作的时候，拒绝被打扰。如此一来，即便是爱闲谈的人，也不会在你忙碌的时候来找你，更重要的是，它至少可以解决你50％的问题。你还可以让自己忙碌起来。当有人不期而至的时候，你要表现得很忙碌，即便他凑过来你也不要停下来，而要继续做自己的事情。95％的闲聊者接到这样的暗示都会主动离开，不再好意思打扰你。同时，这样的做法还可以传递一个信息，那就是让那些闲聊者认为"你总是很忙"，然后在你说话之前就主动闭上嘴巴。当上面的方法都不管用的时候，你可以婉转地说出自己的想法，诸如"嗯嗯，谢谢你和我说这些，不过我很忙"之类的话语。如果这样依旧不管用，你也不用再拐弯抹角、客客气气了，可以直截了当地说："不好意思，我现在没有时间……"星云大师说过一段话："很多人执念于拥有，觉得不管是什么，只要拥有了，就是快乐的。其实不然，你想要的，你拥有了是快乐，如果不是你想要的，那么拥有了反而是负担。因为它不仅对你没有实际意义，反而会占用你的精力，需要你花费时间和力气去打理照顾它。而在它们身上花费的时间越多，你得到自己想要的东西的困难就越大。因为你只有那么多的时间，在这里耽搁了，在另外一方面就不够了。"

珍惜时间的人，不会在闲聊上浪费时间，因为闲聊占据的时间太多，真正工作的时间就少了。而且，老板最讨厌的就是喜欢闲聊的人，一旦你不拒绝，恐怕就会被他连累。所以，适当地拒绝与你闲聊的人，并且成为一个不找人闲聊的人。

5. 同事聚会，该拒绝就应该拒绝

好不容易盼到下班，刘东赶紧收拾东西，想要趁李青、王强等人招呼人家聚聚之前开溜。可他还没离开办公室，李青就大声叫住他："刘东，你怎么这么着急。我们几个今天好好聚聚吧，到公司前面的小酒馆，喝喝酒、聊聊天儿。"被叫住的刘东只好快快地回来，给妻子打电话说自己今晚不能回家吃饭了。妻子一听这个消息，就生气地说："又和同事们聚会？你这个月都是第几次了？每次都喝得烂醉，你还在乎我们这个家吗？"也难怪妻子生气，因为这几个同事时常约自己喝酒吃饭，结婚之前就是如此。结婚后，刘东也不好意思拒绝，怕和同事生分了。尽管妻子非常不满，他只能好言相劝，说："我们之前就经常聚会，现在拒绝的话，人家肯定对我有意见。""我现在也想陪你，可是总拒绝人家也不好。次数多了，人家谁还愿意和我相处。"妻子也是职场人士，知道同事之间的关系不好处，所以之前也非常体谅刘东。可现在，妻子已经怀孕了，需要刘东在家里多陪伴照顾，所以埋怨和责备就多了些。为了照顾妻子的情绪，刘东也会像今天那样偷偷地逃跑。可这并不能解决问题，结果总是被同事抓个正着。每当这个时候，刘东总是想要拒绝，却就是张不开嘴，不知道怎么拒绝，只能乖乖地跟着人家走了。最后，聚会回来，刘东发现妻子把卧房门锁住了，任凭自己怎么求饶、说好话，都不肯给他开门。无奈，刘东只好在客厅沙发上躺了一个晚上，然后唉声叹气地说："我也不想出去聚会，可是我真的不知道怎么拒绝。"有同样烦恼的不仅仅是刘东这样有家有室的人，那些刚刚进入职场，薪资不高、手里拮据的年轻人也是苦不堪言。

小王进入一家科技公司不到半年时间，和同事们打得火热，很受他人欢迎。年轻人都比较爱玩，也喜欢聚会，可小王现在一想到参加聚会就头疼不已，原因当然是钱。小王一个月工资只有4000元，房租就花掉了一大半，平时还要坐地铁、吃饭、买日常用品，所以手里根本剩不下几个钱。同事们聚一次，通常就会吃饭、喝酒，有时还要去唱歌，虽然每次都是AA，可人均下来三两百都不够。时常提倡聚会的那几个同事的家庭条件相当不错，吃喝都比较讲究，根本不把这点儿钱放在心上。可小王就不一样了，他的家庭条件普通，不可能再伸手和家里要钱，所以一个月聚会几次，自己的钱包就瘪了。或许你会说："既然如此，小王为什么不拒绝呢？"小王也不是没想过拒绝，可他不敢拒绝。他听另一个同事说，之前有个人就是因为经常不参加聚会，最后被大家边缘化，说他性格孤僻、清高自傲。小王心想，自己只是一个新人，一旦拒绝聚会，岂不是更不招人喜欢？在一个公司低头不见抬头见，还有很多工作需要同事间的合作，一旦自己被孤立了，还怎么在公司立足。所以，小王尽管囊中羞涩，不情愿参加同事聚会，可就是不敢拒绝。

同事聚会是同学之间联络感情、促进关系的重要方式，可一旦让它成为必须参加的任务，想拒绝不能拒绝，那聚会还有什么意义？

在生活中，很多人会像刘东和小王有这样那样的顾虑，但是面对这种同事聚会，并不是不能拒绝，只要你拒绝得当、给出合适的理由，便不会让同事不满，更不会因此而被孤立、排斥。你不能直接说："我不喜欢参加聚会，乱哄哄的，有什么可聚的！"更不能表现出排斥的情绪，说："怎么每天都聚会啊。我们之前不是聚过了。"事实上，你可以先对别人的邀请表示感谢，然后再说出自己的理由。比如刘东可以说："谢谢各位兄弟，我也想和大家一起聊聊天儿、喝喝酒，缓解一天的工作疲劳。可是你们也知道，你们嫂子怀孕了，我得回家照顾她。这女人怀孕很辛苦的，我们男人得心疼妻子，你们说是不是？"这样一来，哪个同事还非要强迫刘东参加聚会不成？或许，刘东还会给人留下体贴、爱妻子的好男人形象。对于小王，他则可以说："谢谢大家看得起我这个小兄弟，我非常愿意听哥哥们的指教，可是我这个月工资快花完了。如果再大吃大喝，之后的半个月就只能干啃馒头了。"若是对方声张请客，他也可以说："这怎么好意思呢？我知道哥哥们为了我好，可是我不能每次都白吃白喝你们啊！……"

　　总之，只要理由充分，并且感谢了人家的好意，对方肯定不会为难你的。换句话来说，拒绝同事聚会是完全可以的，但万万不能把话说得太直白，否则会伤害同事之间的友情。当然，偶尔聚会对于同事间联络感情非常有帮助。你的拒绝也应该有分寸和尺度，偶尔参加一下，还是非常有必要的。

6.　你的车你做主，拒绝搭顺风车

　　作家斑马曾分享过这样一个故事：老赵和一个同事住得很近，上下班都顺路。老赵买了车之后，同事理所当然地坐起顺风车，而且一坐就是大半年。这位同事从来没有提过给油钱之类的话——这也太不重要，毕竟同事不搭车，老赵一个人也是从家开到单位。可是，这位同事坐了半年的顺风车，竟然连一句感谢的话也没有对老赵说过。最让老赵郁闷的是，一次下班之后，自己因为有事提前走了，没有来得及等那位同事。谁知十几分钟后，他就接到那个同事的电话，非常生气地说："你这个人也太不地道了，为什么先走了？你走了，我怎么办？"老赵说："今天我有急事要处理，你自己坐车回家吧。"那个同事气呼呼地说："我都已经和我妈说回家吃饭了，你现在走了，我怎么办？这个点班车都没有了，等我到家都几点了？真是太气人了。"之后，同事就把老赵给拉黑了，再也不肯理他。这还不算，他每天都在公司说老赵坏话，处处针对他，给他穿小鞋。而老赵则是郁闷得不得了，自己好心好意让同事搭顺风车，免费做了半年的专车司机，到头来还落得个这样的下场。

　　你是不是觉得这个老赵很倒霉，遇到这样蛮不讲理且不知感恩的同事？可只要你仔细观察就会发现，我们身边不乏这样的人，很多人因为不拒绝同事搭顺风车，结果混得比专车司机还不如。最起码专车司机还能赚些零花钱，更有选择"不接客"的权利。这些人却得每天按时按点接送同事，即便有事先走也会被对方抱怨，要求对方付些油钱还被说小气、没人情味。

　　我的身边就有这样两个朋友：小溪的公司离家比较远，需要坐一个多小时的公交，爸妈心疼她每天挤公交，便给她买了一辆小POLO。从那天起，小溪就活得滋润起来，每天开着自己的小车上下班，周末还能出去逛逛。可没几天，她的兴奋劲就被一位蹭车的同事给消磨得无影无踪。这个妹子的家离公司并不远，坐公交也就半个小时。一次下班，她看见小溪开着新车，兴奋地说："小溪，你买车了，真是太好了，还是你幸福，不用大热天挤公交。我就可怜了，这天挤公交真是太难受了。"小溪也经历过这样的痛苦，看同事这么可怜，便随口说："要不，我带你一程吧，反正也是顺路。"了小溪的话，这个妹子立即高兴地说："亲爱的，你真是太好了！"说着，就蹦蹦跳跳地和小溪上了车。小溪以为这只是偶尔一次的帮助，可人家却不那么想，在车上说："小溪，要不我以后就搭你的顺风车吧。这样一来我们上下班还有个伴，多聊聊天儿。"还没等小溪说什么，她自己就拿下主意，说："我们就这样定了，好吧。"小溪只好勉强答应下来。可这个妹子却没有搭别人顺风车的自觉，上班的时候，小溪从家出发后就给她打电话，可每次她都不按时到达，非要小溪等几分钟才姗姗来迟。好几次，因为交通状况不好，两人还差点儿迟到。这时她不说自己磨蹭，反而抱怨城市交通差，小溪开车太慢。下班的时候，一到点就催小溪赶紧走，不管小溪是不是有工作没做完……几天下来，小溪感觉自己非常累，她曾经大声地喊道："我为什么要买车，这不是给自己找罪受嘛。"

　　张成也是如此。买车之后，他一个平时关系不错的同事借故搭过他的车回家。之后，张成就成为他的司机。每天下班的时候，这个同事就说："小张，你等我一会儿，我把手里的活儿干完之后就走。""小张，你完事了吗？我们走吧。……怎么这么慢啊！你的工作效率可真低，要不明天再弄吧。"关键是张成和这个同事并不顺路，他需要绕一条街道才能把同事送回家。每天送完同事之后，张成要花半个多小时才能到家。而且，这个同事从来都不提给张成油钱的事情。有一次，在回家的路上，车子没油了，恰巧张成没有拿零钱，微信的钱也不够。可这个同事就静静地坐在车里，一句话没有说，气得张成都不知道说什么。最后，他只能给女朋友打电话，让她转了几百元钱过来。

看看吧！上面几个例子都是因为同事搭顺风车引起的。我们不说这些同事地道不地道，就说老赵、小溪、张成三个人，就是他们的不拒绝给他们自己找的麻烦，那些人也正好利用了他们不善于拒绝这一点。他们完全可以拒绝这些同事坐顺风车。别说这些同事不知感恩，把别人的好心当成义务，即便有愿意支付油费、车费的同事想要搭顺风车，他们也可以大声拒绝。他们的车子就应该自己做主，没有这个义务让别人搭顺风车。或许有人说，这是不是太不近人情了？事实上，很多人就是太讲人情和"面子工程"了，做任何事情都顾及面子、人情，想要把事情做得体面，避免别人在背后戳脊梁骨。这是源于我们传统文化所形成的行为方式，本质上是人的自尊需要，在帮助他人的同时，充分感到自我存在和自我价值。可是这种行为也很压抑自我，以牺牲自我需求、意愿为前提。他们已经产生了拒绝别人的愿望，却不能做出拒绝的行为，于是在自我矛盾中越来越焦虑、烦躁、郁闷。想要解决这个问题，这些人必须真正认识自我，做心中的自己，坚定"我的车子我做主"这个观点，从而变得敢于拒绝、善于拒绝。

所以，想要让自己敢于拒绝，那就改变自己吧！

7. 别人犯的错误，你凭什么为他收拾烂摊子

一次外出吃饭时，听到邻桌两个女孩在聊天儿，其中一个苦恼地说："和我搭档的同事总是犯错误，什么事情都做不好，还要我帮她收拾烂摊子。为了帮她解决问题，我经常要加班到很晚。可是人家呢？一到下班点就早早回家，你说气人不气人？"

另一个女孩说："那你为什么不拒绝她啊？"

女孩说："同事之间抬头不见低头见，不好撕破脸啊。再说，她每次都可怜兮兮地央求我，'你帮帮我，要不我就惨了'。'亲爱的，求你了。这个报告要是完不成，领导肯定骂死我了'。"你说我能怎么办呢？"

另一个女孩说："那你就毫无条件地帮助她？"

女孩说："我总不能看着她挨领导批评吧。再说，若是她把事情搞砸了，对于我们小组来说也不是太好，领导会怀疑我们整个小组的工作能力。"

另一个女孩说："受到领导批评，也是她应该承受的，谁让她做不好事情呢？一个人能力不行，就应该不断提升；完成不了任务，就应该为自己的错误承担责任。她倒是好，把所有的责任都推给你，你真是烂好人。再说，你以为你能力有多大，难道整个小组的人都让你收拾烂摊子，你也全部揽过来吗？整个公司的人都求你帮忙，你也来者不拒？"

女孩："……"

最后，另一个女孩说："你要明白，别人犯的错，你没有义务替她收拾烂摊子，否则你将有无尽的麻烦。"

　　我们都经历过这类事情，明明自己工作忙得要命，却要接手别人的烂摊子；别人犯了错，你却费尽心思替别人"擦屁股"。因为同事"实在没有办法了""死到临头了"的话语，而你不想让他因此遭到上司的批评，不想真的坏了大事，然后事后又陷入后悔和抱怨之中：我为什么要帮他收拾烂摊子？是啊！别人犯的错，就应该他自己来承担，你凭什么一而再，再而三地帮他收拾烂摊子？你永远不必为别人的错误买单，更不必为了别人的无能而辛苦受累。你的职责是做好自己的工作，而不是收拾别人的烂摊子。若是遇到懂得感恩的同事，你帮助他解决难题，收拾烂摊子，他还会心存感激，并且在领导面前陈述你的功劳和辛苦。可若是遇到不懂感恩的同事，恐怕你就只能做"免费劳动力"，费了半天劲，到领导面前领功受赏的人却是他自己。一旦这个摊子没有收拾好，导致整个任务办砸了，恐怕他还会把责任推卸到你身上。况且职场上总是有这样一群人，他们的能力不强，却想要在领导面前表现自己，于是便积极地为自己揽事情、争任务。一旦无法完成任务，他们就会把目光投在那些"好人"身上，企图通过别人的帮助挣得自己的功劳。试问，这样的人，你又凭什么帮助他们呢？

　　电视剧《无法成为野兽的我们》中就有这样一幕：主人公能力很强，每天都兢兢业业地工作，可是她却有两个"猪队友"一般的同事。一个同事是新进人员，每天就知道吃吃吃，什么都不会做，然后还时常喊着自己很累；另一个同事则是圆滑的老员工，没有工作能力，做事粗心大意。所以，主人公每天除了要忙自己的事情，还要帮这两个"猪队友"收拾烂摊子。有一次，那个新进员工负责招待客户，可他却什么也没做，主人公只能替他解围，对老板说事情已经安排好了。就是这句话让主人公深陷其中。新员工招待客户的时候，竟然睡起大觉，主人公只能担负起招待的任务，与客户周旋；他根本不懂饭局礼仪，竟然没有事先结账，还没有带够钱，没有为客户准备好礼物。主人公只好一一为他解决问题，这才化解了危机，避免引起客户的不满。可结果呢？老板竟然批评主人公不会带新人，把责任全部推到她的身上。可要知道，这并不是她的任务，她只是帮忙而已。还有一次，这个新员工给客户发报价表，并且请主人公帮助，主人公再次伸出援手。可等到客户发现价格表格式不对，老板向新员工问责的时候，他竟然把责任推卸给主人公，大声吼道："这表格你确认过的。"含义是，你没有确认吗？出了错，是你的责任，为什么要责怪我呢？更令人生气的是，既然出了问题，那就大家一起解决吧。可这个新员工竟然借口身体不舒服，然后一个人跑了，把事情全部甩给主人公。最后，主人公只能一个人面对客户，收拾这个烂摊子……

白岩松曾经发表过这样一篇文章《不要拿别人的错误来惩罚自己》，其中有这样一句话："拿别人的错误来惩罚自己，这等于太给别人面子。"是的，我们为了给别人面子，为了同事间的情谊，而委屈自己、辛苦自己，这又是何必呢？事实上，一旦你接手别人的烂摊子，接多了就会失去自己的时间，甚至是工作激情，可能连自己的工作都不愿意再去做了。这个过程中，你不仅需要处理很多难题，付出很多时间和精力，还面临着巨大的压力。这份压力会让你内心焦虑不已，甚至如同吃了苍蝇一般恶心。

职场上，同事遇到难题，我们施予援手是应该的，毕竟同事之间的合作和团结非常重要。可是帮助别人收拾烂摊子这种事情不是你的义务，你也没有必要为别人的错误买单，不要产生这样的错觉："我得帮助他，否则他会很惨"，即便他会很惨，那也是他应该受到的惩罚。

所以，拒绝为同事收拾烂摊子，因为收拾烂摊子这种事，但凡有第一次，就会源源不断。如此，你不仅会失去自己的时间，更会成为被人欺负的烂好人。

第六章 无原则的爱，
DILIUZHANG 淹死的只能是自己

学会拒绝不是一种绝情，更不是六亲不认。爱人、亲人之间的无理要求，我们同样需要勇敢地拒绝。一旦让这份爱变成了无原则、无限度的，那么淹死的不只是你自己，还有你爱的人。

1. 爱Ta，不是无条件的顺从

有人说：爱情是一种奉献，而不是索取，这就是爱的真谛。这句话没错，可有些人却理解错了"奉献"的含义，误认为想要维持爱情，就要无条件地奉献，甚至爱得卑微，没有底线，事事顺从，不分对与错、是与非。

一个叫梦梦的女孩就是如此。

梦梦和男朋友恋爱三年了，可在外人看来，两人根本不像恋爱的关系。梦梦好像是男朋友的小女仆，总是被呼来喝去的。而梦梦呢？她总是乐在其中，心甘情愿地被男朋友指挥，不敢说一句"不"。男朋友喜欢短头发的女生，就像郭采洁一样的俏皮可爱，而梦梦从小就喜欢长发，喜欢做长发公主的美梦。可为了男朋友，她剪去一头长发，虽然心疼得哭了好几天，却幸福地说："女为悦己者容，为了男朋友，我愿意改变风格。"男朋友希望梦梦搬出来和他一起住，两个人享受幸福时光。尽管梦梦是个保守的女生，父母也不同意她早过与男朋友住在一起。可是为了讨好男朋友，她还是搬了出来。原本以为两人的日子会越来越甜蜜，可梦梦却做起男朋友的"保姆"。每天他在家除了睡觉就是打游戏，而梦梦却要洗衣服、打扫卫生。男朋友说既然生活在一起，两个人就应该在家里做饭，不能总是在外面吃饭或是下饭馆。这句话本说得没错，可他却从来不学习做饭，把这个任务交给了梦梦。而且，梦梦是广东人，平时喜欢吃清淡的饭菜，可男朋友却非要她学习做四川菜，因为他是地道的四川人。梦梦呢？为了男朋友改变了饮食习惯，虽然每天自己都因为吃辣上火，却依旧顺从男朋友的意愿。类似这样的事情还有很多，男朋友不喜欢她的一个朋友，梦梦就不再与她来往，即便他们是从小玩到大的好朋友；男朋友不喜欢她买的衣服，她就真的退掉，即便她内心喜欢得不得了……要说这都是生活琐事，梦梦因为爱男朋友顺从他，别人也无法说什么。毕竟爱情是互相迁就和奉献，只要她自己感到快乐幸福就可以了。可是接下来的事情，却让人知道梦梦对于男朋友的爱已经卑微到极点，甚至失去了自我。虽然梦梦的父母不同意她和男朋友交往——因为梦梦太爱男朋友了，事事以他为中心，凡事都习惯顺从他，可是他们拗不过女儿，还是默许了。为了不让梦梦委屈，他们给梦梦买了一套房，并且打算给她当作嫁妆。房子装修好了之后，梦梦打算把它租出去，如此一来，自己还能增加一些收入。可男朋友却说："这么好的房子租出去多可惜，不如我们搬过去住吧，这样不仅节省租房费用，还可以改善居住环境。"梦梦想也没想就同意了，可没过一年时间，梦梦就把这套刚买的房子卖了。因为男朋友提议两人创业，他说："现在你我工作这么辛苦，每个月累死累活，工资这么点儿，还要受老板的窝囊气，不如我们自己创业吧。你看我的摄影技术不错，我们不如开个摄影工作室吧。到时候，我做摄影师，你做助理兼老板娘，这多好。"梦梦这下犹豫了，因为卖房是一件大事，况且这房子是父母给自己买的，怎能轻易地卖掉呢？可经不住男朋友三言两语地劝说，她很快就同意了。虽然父母极力反对，甚至还生气地把她关起来，可是她还是坚持与男朋友站在一起。结果，房子被卖掉了，他们两人拿着将近200万元开始创业。可创业哪是那么简单的事情？两人没有经验，摄影技术又不是一流的，一年根本没有接到几单生意。眼看房租一天天消耗掉大部分资金，两人只好把店面盘出去，把摄影器材卖掉……最后，200万现金只剩下不到30万。一年时间，一套房子，就变成30万元现金。直到此时，梦梦依旧没有责怪男朋友，因为她觉得创业是两个人的决定，自己和男朋友同样犯了错。可悲吗？梦梦确实是一个可悲的女孩，不是因为她损失了一套房子，而是她为了爱情，已经失去了自我。在爱情里，她的爱已经没有了原则和底线，甚至卑微到尘埃却不自知。如果她不能清醒过来，依旧无条件顺从男朋友，卑微地爱着，她的人生恐怕只能是个悲剧。

爱情是可贵的，为自己所爱的人奉献，讨好所爱的人，也是可以理解的。若是为了爱情，毫无原则地顺从，小心翼翼地迎合对方，把付出和退让认为理所当然，甚至失去自我和尊严，这份爱就是不值得的。而且有时候，你越是爱得卑微，把自己放在很低的位置，越是无法得到想要的爱情。试想，你自己都看不起自己，委屈自己，对方怎能尊重、疼惜你，又如何真正地爱你？

一代才女张爱玲说过："女人在爱情中生出卑微之心，一直低，低到尘土里，然后，从尘土里开出花来。"她对胡兰成的爱也是卑微的，她深爱着胡兰成，爱他的风流倜傥，爱他的才华……但是这样的爱得到回报了吗？没有，相反，胡兰成在赞美张爱玲的时候，也一样赞美她的好朋友炎樱；甚至与她在一起时，还偷偷与苏青密会。我们不能否定胡兰成的"渣"，但也不得不承认，长久以来，张爱玲卑微的爱是造就这一切的原因。所以，不管是任何人，想要赢得真正的爱，都不能让自己变得太卑微，不能一味地顺从和讨好。卑微的爱，只能让对方越来越不尊重、珍爱你，把你的爱当作理所当然；一味地顺从和讨好，则会让自己失去尊严、自主、自立。

爱他（她），但是更要爱自己。爱自己，为了自己而活，你才能找到更合适的人；爱自己，保持自己的原则和底线，你的爱才能更美好。

2. 无原则的宽容，就是对自己的残忍

人们都说，爱需要宽容，需要彼此理解。可若是你最爱的人，做出超出你道德思想底线的事情，你依旧会宽容和原谅他吗？譬如出轨、暴力、欺骗，抑或是犯罪？在爱情方面无原则地宽容，就是对自己的残忍，更是对爱情最大的亵渎。很多人认为：爱是爱情唯一的原则，其实不然。我们在追求爱情的时候，可以选择合适的人、合适的时间和地点。一旦爱情中出现矛盾，特别是一方已经违背了爱情，或是做出不可理喻的事情，那么就意味着两个人之间出现了裂痕和不适合。这个时候，我们可以有两个选择，那就是继续爱或是放弃爱。若是我们选择了前者，就需要对爱和对方进行宽容。当然，有人可能是因为沉浸在旧日恋中，有人是因为对曾经付出过的情感不舍，也有人对对方还存在美好的幻想。然而正是因为如此，我们最容易犯错——无原则地宽容，宁可委屈自己，忍受痛苦也要挽回这变了味儿的爱情。这样做之后，我们能真正得到幸福吗？

不妨看看这个故事！一位女士和老公结婚几年，老公看起来非常老实，不爱说话，也不爱应酬。结婚这几年，老公也算是体贴，把自己照顾得非常周到。一个偶然的机会，这位女士竟然知道自己的老公其实早就结过婚，而且还和前妻有一个快上学的儿子。而且，老公时常带这个孩子和爷爷奶奶见面，一家人一起吃饭、游玩。当她质问老公的时候，老公愧疚地说因为自己实在太爱她了，担心她嫌弃自己是二婚，不会接受自己，所以才会欺骗她。接下来，老公一个劲儿地道歉，甚至给她跪下。这位女士看着老公真诚而又愧疚的神情，回想

着老公对自己体贴和爱护，她心软了，选择了原谅。这个事情暂且过去了，这位女士和老公幸福地生活。一年后，她生下自己的孩子，宝宝非常可爱、乖巧。可过一段时间后，她又发现自己的老公竟然还和前妻联系，且前妻已经怀孕。原本她没有把这件事情放在心上，毕竟他和前妻已有一个孩子，为了孩子的教育，时常联系也在所难免。她还曾经想过，有时间把那个孩子接过来，自己好好地对待，毕竟他是老公的亲生儿子。而且，他的前妻已经怀孕了，说明她也找到了自己的幸福，自己又怎能过于计较、刻薄呢？令这位女士没有想到的是，前妻现在怀的孩子竟然是自己老公的。她偶然间发现前妻给老公发的微信，询问他如何处理这件事情。瞬间，她感到异常愤怒、恶心、痛苦、无望……她恨自己竟然不知道老公的真实面目，竟然还奢望和他好好过日子，善待他的孩子和前妻……接着，她等来的依旧是老公的忏悔和道歉，他甚至拿自己的生命发誓说他是因为醉酒才做了错事，说自己一定会和前妻断了联系，并且不会让她生下这个孩子。这位女士陷入进退两难的境地，每次想到老公做的事情都痛苦无比。可看着自己的孩子，刚刚牙牙学语，还不会走路，难道就这样失去爸爸吗？我们不知道这位女士是否原谅了老公，可是正是她无原则的宽容，才导致后面的结果。

　　时常在网上看到这样的文章，某某女子问："男朋友时常会见前女友，我该原谅吗？""老公出轨了，我应该给他一次机会吗？"然后，这些人便开始讲述自己如何无法容忍爱人背叛自己，又如何舍不得这段感情，回想"其实他对我还是很好的""我还是希望有一个好的将来"……言下之意就是想要宽容和原谅对方。可是仔细想一想，这样的爱情和婚姻真的有继续下去的必要吗？这样的爱人真地值得原谅吗？原谅和宽容应该给那些值得的人，给那些尊重和爱你的人，而不是那些肆意伤害你、欺骗你的人。不管这个人，你是多么地爱、多么地不舍。就像故事中的这位女士，原谅了欺骗自己的老公，可是换来的依旧是欺骗、出轨和伤害。试想，如果她继续选择原谅，也不可能换来对方的爱和尊重。她的懦弱和无底线的宽容，让对方对她更加不尊重、不重视。对方或许会想，"连出轨这样的行为她都能容忍，她还有什么不能容忍的呢？""这一次她都容忍了，下一次是不是也会如此？"迷恋爱情，无原则地原谅对方，不仅不会让你赢得爱情，还会残忍地把自己推入无尽的深渊——你痛苦不已，对方却为所欲为。

很多时候，我们认为只要自己宽容一些，或是做一些牺牲，就会让感情有一个好结果，赢得对方全身心的爱。可是，你无原则地宽容，只能纵容对方无尺度地伤害你。要记住，宽容不是无原则地放纵，更不是违背自己的内心地原谅他人。宽容他人的前提是善待自己，而在爱情和婚姻中，我们需要爱对方，宽容对方，但更要爱自己，不要因为宽容对方而残忍地伤害自己。况且，真正爱你的人，绝对不会让你受到无辜的伤害，更不会肆意地欺骗、背叛你。所以，抛弃你现在无原则的宽容，让自己的爱在付出时得到它应有的爱护。正确而又理性地看待爱情和婚姻，让自己活得明白，你才能收获更美好的爱情。

3. 我爱你可也爱自由，爱情里也需要隐私

记得有位哲人曾说："爱情就像手中的沙子，握得越紧，流失得越快；当你微微松开手，给它点儿缝隙，反倒留住了沙。在爱情平淡期里，最好的保鲜方式就是放松，哪怕再爱，也要给彼此留出一点儿呼吸的空间，不要做缠藤树，爱不是占有，而是给彼此自由。"这句话说得非常正确，爱不是占有，更不是亲密无间，它永远不能凌驾在自由之上。若是两人追求亲密无间，很快就会因为没有自由而窒息。这是因为，自由是一个人生活在这个世界上最基本的诉求。因此，最好的爱就是彼此相爱，却又有自己的空间和自由，让自己找到最恰当的距离。然而，很多人尤其是女人，好像都忘记了这一点。她们认为相爱的人就应该亲密无间，没有任何隐私和秘密，否则就是不够爱。于是，有些人会肆意翻看对方的手机，看微信、通话记录，甚至是银行交易记录；有些人会要求对方报告自己的行踪，包括与什么人见面、说什么话、说了多长时间等；还有的人则认为，爱人就应该时刻待在一起，形影不离，于是他们总是黏着对方，就连对方上班的时候，也使用电话跟踪的方式，确定彼此的行踪……

青青就是这样的女孩。她和一个男生大伟恋爱了，两人正处于热恋阶段。青青对爱情充满幻想，觉得恋爱的两人就应该亲密无间，且没有什么秘密和隐私。这样一来，彼此才能坦诚相待，保证爱情的纯洁和长久。于是，她无私地爱大伟，什么事情都告诉他，包括自己的小秘密、手机密码、银行密码等。当然，她也要求大伟如此，可是大伟有些抗拒，但是因为爱青青，怕青青生气，还是同意了她的要求。

接下来，青青时不时翻看大伟手机，看谁给他发信息了，一旦有哥们儿邀请他玩游戏，她就私自回绝；一到周末的时候，她就要求大伟陪着她，不允许大伟外出做任何事情。若是必须外出，她也要跟随在身边……

自从两人住在一起，青青就更加过分，大伟则彻底没有了自由，更丧失了隐私和空间。慢慢地，大伟受不了了，时常晚回家，有时还借口加班不回家，甚至几次修改手机密码。青青怀疑大伟不爱自己了，更加想要知晓他的秘密，控制他的行踪。大伟每天上班的时候，她会打十几个电话，一旦打不通就立即联系他的同事。这让大伟感到非常困惑，也感到非常丢人，可是想到青青爱自己，便忍了下来。

一天快下班的时候，几个同事约大伟出去看球，想到自己好几天没放松了，他便立即答应了。为了怕青青多心，他还特意给她发了微信，可不过一分钟，青青的电话就来了，语气非常不好地说："又要和同事去看球啊，难道你就不能陪陪我吗？我们都一天没见面了，你就不想我吗？"

大伟好好地解释了半天，青青才勉强同意他和同事去看球。可在这期间，她打了一个又一个电话，询问他什么时间回家，说看球不要看太晚，说自己一个人孤单……最后，大伟实在不耐烦了，只好把电话调成静音，好安心地看球。

等到大伟回家之后，青青愤怒地说："你为什么不接我电话？我打了这么多电话，难道你没有听见吗？"大伟只好撒谎说把外套放在沙发上了，室内又太吵，所以才没有听见。

青青继续发脾气："把手机拿过来，我要看看。"

大伟也有些生气，反驳道："我已经和你解释了，为什么非要看我手机？"

青青说："我怎么知道你的话是不是真的，我要检查看看你有没有说谎。而且，我昨天发现你的手机密码修改了，你是不是有什么事情瞒着我？是不是在外面做了坏事？"说着，青青就要抢大伟的手机。这下大伟彻底被激怒了："我为什么要让你看我的手机！这是我的隐私！你看看，现在我还有隐私和自由吗？我爱你，但并不意味着我就没有自由和隐私，原本我以为你只是耍些性子，不和你计较，没想到越来越过分。我真地受不了你了，我们分手吧！"说完，大伟就离开了。青青却愣愣地站在那里，一句话也说不出来。

　　不管是夫妻还是情侣，一旦彼此之间没了距离，没了隐私和自由，时间久了，就会使爱情死去。我们说距离产生美，偶尔制造点儿小距离，给自己和对方一点儿自由的空间，反倒能带来一些意外收获。当然，这种距离不仅仅是空间上的，还是心理上的。相爱不等于如影随形、亲密无间，也不等于没有自由和隐私。所以，我们要学会不缠绕、不占有，让自己和对方都有自由和空间。当然，若是对方侵犯了自己的隐私和自由，我们也应该坚定地提出来，告诉他们自己的底线。你应该坚定地拒绝，并且理直气壮地说："我们虽然是爱人，但是我有我的自由和隐私，需要独立的空间，要有自己的秘密。"

　　记住一句话，爱情也需要隐私和自由，若是让爱情胜过个人隐私和自由，只能令它渐渐远去，产生真正的距离和疏远。

4. 不把爱情关在笼子，拒绝对方强烈的占有欲

　　你是不是曾经看过类似的情景：爸爸拿了一个玩具给姐弟两人玩，开始两人还玩得非常和谐。可玩着玩着，两人就起了争执，谁都想独占这个玩具，甚至为争抢而打起架来。只见弟弟越抢越生气，愤怒地抓起玩具狠狠地摔在地上，然后哭着说："你不让给我，谁也别想玩。"结果，玩具被摔得稀巴烂。其实，弟弟的这种行为是典型的强占有欲，生活中很多人对自己喜爱的人或是物有强烈的占有欲，一心想要得到、独占。若是无法得到，就会心生怨恨，甚至产生彻底毁坏这个人或是物的念头。尤其是恋爱或是婚姻中的男女，对于对方都有一定的占有欲，想要对方只属于自己，只爱自己。若是看到对方和陌生异性接触，或是与其他人来往过密，内心就会不舒服，产生嫉妒心理，这就是我们所说的"吃醋"。这种吃醋的心理是正常的，因为爱情讲究的是唯一性、排他性，一个人想要你全身心地爱他、围绕着他，说明他真正地爱你、在乎你。然而，若是一个人占有欲过强，要求你只能和他这一个异性接触，不能有任何社交活动，甚至会监视和控制你，这种情感就非常危险了。

　　一次旅行途中，李亚遇到一位帅气幽默的男孩，一路上这男孩对她照顾有加，温柔体贴，让李亚心生好感。之后，李亚得知男孩和自己同在一个城市生活，且兴趣爱好相同，都喜欢旅行，便与对方互留了联系方式。经过一段时间的相处，李亚和男孩双双陷入情网，谈起一场浪漫甜蜜的恋爱。平时两人约会、看电影，节假日则外出旅行，四处游玩，感情升温非常快。可慢慢地，李亚发现这个男孩的占有欲

非常强。他认为：两人既然恋爱了，就已经彼此属于对方，所以他要求李亚把自己之前的经历，尤其是感情经历告诉他。李亚觉得那是自己的隐私，再说了去的事情已经过去了，两人应该看重现在和未来，所以并不愿意讲述过去的情感。然而，男孩却不放弃，时常询问类似的问题："你以前谈过恋吗？""谈过几个男朋友？""现在还有来往吗？"而且，他还强调自己并非在乎过去，只是想多了解她。无奈，李亚只好如实相告。然而，当他知道李亚之前谈过一个男朋友，且初恋是大学同学因为异地不得不分开时，他的情绪突然变得非常激动，甚至说出很多难听的话。李亚听后非常生气，说："既然你无法接受我的过去，那我们只能分手。"可这个男孩却苦苦强求，说自己是太在乎、太爱她了。就这样，李亚原谅了他，继续与他交往。谁知她却让自己陷入痛苦，因为男孩对她的占有欲已经到了无法理解的地步：不允许她和异性来往，就连和公司同事打交道，他都会大吵大闹，甚至还曾闹到公司；不允许她参加朋友聚餐，说朋友会带坏她；只要回家晚一点儿，他就疯狂地打电话；删除她手机、微信中所有的异性联系方式，包括同事、客户；限制她外出旅行，尤其是没有他的陪伴，更加不行了……半年下来，李亚觉得自己被关进了笼子里，失去了自由、空间，甚至是自尊。为了重新活出自己，她提出了抗议，拒绝男孩干涉她的生活，拒绝听从男孩的指挥。结果，男孩并没有做出改变，反而更加变本加厉，强烈的占有欲让他只想把李亚捆在身边。李亚只能在痛苦中煎熬，不知道怎么摆脱。

可以说，被一个占有欲太强的人爱上，是非常可怕的事情。这种心理其实就是一种严重的心理障碍，拥有这种心理的人，性格大多极度偏执、极端，只想到自己的感受，只想占有自己想要拥有的人或物，根本不会考虑对方和任何人的想法和感受。所以，一旦你发现自己的爱人或是朋友是占有欲异常强烈的人，就应该在开始时果断拒绝，不能因为心软而妥协或退让。若是发现你的拒绝没有太大作用，最好的方法就是尽快远离，结束那段爱情或是友情。否则，你只能被对方控制，给自己带来巨大伤害。

事实上，生活中很多人都曾被占有欲强的人伤害，甚至付出沉痛的代价。是否还记得这个新闻：男子不喜欢妻子和她自己的朋友来往，不仅参加妻子的每次约会，还在家里安装监控，监视妻子的一举一动；要求妻子删除交友平台的异性朋友，以自己为生活中心。最后，妻子因为生活被干涉而与男子争吵，他竟然活活地把妻子掐死。事实就是这样可怕。一旦和占有欲强的人在一起，你很可能会葬送自己的一生。这样的人，认为你完全属于他，绝对不会给你分手的机会，也不认为你有这样的权利。如果占有欲强的人是男士，一旦女生强行分手，就可能招来对方的暴力，酿出悲剧；若是占有欲强的人是女士，一旦男生提出分手，她就可能用伤害自己的方式来挽留，或是用极端的方式（自杀）来惩罚对方。所以，在谈恋爱或是选择伴侣的时候，不要觉得对方占有欲强就是爱你的体现，更不要认为对方苦苦的哀求、死缠烂打就是对自己用情至深。远离占有欲强的人，拒绝对方的死缠烂打，才不会让对方以爱情的名义把你关在牢笼，迎来属于自己的幸福。

5. 真正的孝顺，是坚持拒绝"愚孝"

古语说，"孝者，顺其心"。意思是说，子女的言行只有符合父母的心意，时时处处令老人高兴，才是真正的孝道。可在今天这句话颇有偏差，凡事顺着父母的心，不顾及自己的感受，这只能算是愚孝，不能称为真正的孝顺。

好友丽丽离婚了，这让我们几个朋友大为吃惊。因为丽丽刚结婚一年多，之前与丈夫大东是大学同学，恋爱四五年，经历了大大小小的考验才修成正果。怎么刚结婚就离婚了呢？在安慰丽丽的过程中，丽丽说得最多的一句话，就是："我老公就是太愚孝了，什么都听他父母的，根本不在乎我的感受和想法。"谈恋爱的时候，丽丽就知道大东是一个孝顺的孩子，正是因为如此，她才放心把自己交给他。在丽丽看来，孝顺的人人品都不会太差，而且一定会对自己特别好。事实证明确实如此。两人刚毕业的时候，虽然大东工资不高，可总是给父母买东西，如衣服、保健品等，还会给父母邮寄钱。大东的家庭情况不是太好，他想要改善父母的生活，为家庭减少一些负担。而尽管大东每月手里剩不了几百块钱，还时不时就带丽丽去吃好吃的，买一些小礼物，这让丽丽非常感动。可结婚后，情况似乎超出丽丽的想象。在大城市，两个年轻人的花销很大，各种生活开销、人情往来，还有为生宝宝做准备，这些方面哪个不需要钱？于是，丽丽便和大东商量，说："老公，你现在还给爸妈寄钱吗？每个月寄多少呢？"大东说："怎么啦？我现在工资高了，每个月会给老人家寄2000元。"丽丽接着说："你看，我们现在结婚了，有了自己的小家庭，是不是应该为将来考虑一下？你可以少给爸妈寄一些吗？每个人500或800，然后过年过节的时候再多给一些……"丽丽还没说完，大东就有些着急了，说："我爸妈养我长大不容易，还花掉了家里的所有积蓄供我上学，我必须孝顺他们。"丽丽耐心地说："你听我说，我不是不让你孝顺，而是要量力而行。而且，你平时不还给他们买东西吗？"听了丽丽的话，大东也思考了一会儿，说："好吧，我和爸妈商量一下。"殊不知，商量的结果是：父母根本不同意大东的提议，还说自己辛苦养育他这么多年，到老了就应该享福。这下，大东就更加坚定自己的想法了，说自己不能娶了媳妇忘了娘，"结婚前我很孝顺，结婚后将更加孝顺"。没有办法，丽丽只能隐忍下来，平时自己省吃俭用，为将来省钱和攒钱。类似的事情还有很多。有一次父母给大东打电话，说老家一表弟要来这里找工作，人生地不熟的，希望他们能够多帮助一下。丽丽觉得这很正常，谁还没有需要帮助的时候。可接下来，她就接受不了了，因为大东父母竟然强烈要求他们让那个表弟住到家里来，说如此才不会在亲戚面前丢了面子。丽丽立即站出来反对，家里突然住进来一个陌生的大男人，这多不方便。可大东却为难地说："我都已经答应父母了，你还能让我反悔啊！"丽丽生气地说："谁让你答应的，你不会拒绝吗？而且，你不和我商量，竟然自作主张答应下来，这合理吗？"大东却振振有词："我妈非让他住家里来，我有什么办法？老人家爱面子，我怎能拒绝呢？"总之，大东总是顺着父母的意愿，从来不拒绝父母的任何要求，不管要求是否合理，是否能够做到。一旦丽丽提出反对意见，他就给丽丽洗脑，说让她宽容大度一些，做一个孝顺媳妇；说父母辛苦了一辈子，自己不能忘恩负义……就这样，丽丽和大东的矛盾越来越多，而大东又无法调节原始家庭和小家之间的矛盾，反而用他的愚孝观念来强迫丽丽。最后，丽丽再也受不了了，只能提出离婚。

孝顺是中华民族的传统美德，可每个人都不能因为父母的养育之恩、辛苦付出而无条件地服从，毫无拒绝的意识。一味地顺从父母，任凭父母干涉、主宰自己的人生和生活，不是真正的孝顺，而是愚孝。真正的孝顺应该是理智、有原则的，在孝顺的基础上，有自己的想法和原则，对父母的要求该顺从的顺从，该拒绝的就大胆拒绝。如果父母的要求让你失去自由，缺乏自主选择的权利，你必须勇敢地说"不"；如果父母的爱让你窒息，喘不过气来，你必须挣脱出来；如果父母的要求已经超过你的承受能力，并且认为是理所应当的，你也不能一味承受，而是应该维护自己的权利。我们应该明白，拒绝父母的一些要求，不是没有良心，更不是不孝顺。孝顺是好事，但是要有度，也要有方法。即便在古代，人们也不提倡愚孝。

孔子就不提倡愚孝，还用舜帝的故事教育自己的弟子曾参。曾参是一个非常孝顺的人，对父亲的话言听计从，不敢有丝毫反抗。甚至宁可等着被父亲打至休克，都不肯逃开父亲的棍棒，而且醒来之后还问父亲"您受伤了没有？"其实他只是犯了一个小错，锄草时误伤了禾苗。见此，孔子对他说，舜帝小时候也很孝顺，时常帮助父亲干活儿，跟随左右。可如果父亲用小棍打他，他就等着挨打；一旦父亲换了大棒，他肯定逃得远远的；如果父亲想要杀死他，他更会逃得无影无踪，绝不会让父亲找到。意思是劝曾参不是太愚孝，子女不能因为有孝心就一味地顺从、忍让，甚至伤害自己。

"孔雀东南飞"式的孝顺，真地不应再存在了。盲从的孝和无原则的顺从，只会毁掉自己的生活，并且让这份爱变得扭曲。身为子女，你首先是独立的个体，拥有自己的思想、想法、生活，当然应该有拒绝父母的意识和勇气。这是因为，孝和顺是完全不同的两个概念，不能混为一谈。

6. 不拒绝孩子，无疑把疼爱演变为溺爱

现在，宠孩子、溺爱孩子几乎成为最普遍的家庭教育问题。因为教育观念的改变，以及生活环境的改善，家长们不再采取以往管制、粗暴的教育方式，而是学着宽容孩子，用自然教养的方式来引导。可是，很多父母却因此走了极端，在宽容孩子、宠爱孩子的同时，忘记了适度的原则，一味地纵容、溺爱孩子。在亲子沟通中，很多家长对于孩子的爱，已经超出正常爱的范畴，无原则地满足孩子的要求，纵容孩子的所有行为。即便孩子提出无理要求，家长也不会说出一个"不"字，即便孩子犯了很严重的错误，家长也会宽容和迁就。当有人提出异议的时候，这些父母就会辩解："我们是爱孩子的，只是希望能够给他最好的，并且满足他们的所有愿望。"可是他们不知道的是，这种无原则的爱，毫无原则地满足和纵容，并不是真正爱孩子。这样会使得孩子成为极度自私、依赖性强、没有责任感和自立人格的人，甚至会变得非常任性、娇纵、粗暴，而家长只能承受错误观念带来的后果，后悔莫及。

老张夫妻是普通的退休工人，两个儿子已经成家立业，按理说两个老人辛苦了一辈子，应该享受幸福的晚年时光了。可是，老张夫妻却依旧忙忙碌碌，每天到早市摆摊，靠着卖些青菜和水果赚钱。并不是因为老张夫妻闲不住，想要找些事情做，而是他们不得不如此。因为他们除了要维持自己的日常生活开销，还要贴补两个儿子。虽然两个儿子已经成家，可是还时常找老张夫妻要钱，今天说是手头紧张，明天说想要买个电视，再过两天又说给孩子交补课费……而老张夫妻

则有求必应，无条件地满足孩子们的所有条件。他们把几十年的积蓄都拿了出来，给两个孩子买了房子，还把退休金拿了出来，交给两个儿子随意花销，以便他们能过更好的生活。可即便如此，两个儿子还不满足，依旧找他们要钱，所以他们不得不摆起摊卖起菜来。一天，大儿子回家来找老张，还没站稳脚跟，就急切地说："爸爸，我想买一辆车。现在挤公交、地铁实在太累了，而且我的所有朋友都买车了，就剩下我一个人，真是太丢人了。您能支援我一些钱吗？其实，也用不了太多，五六万就可以了。"一听大儿子这话，老张愣住了，为难地说道："我们现在哪还有钱？退休工资都已经交给你们了，每天只能靠卖菜赚些零花钱！"见从来没有拒绝过自己的父亲竟然说这样的话，大儿子明显不高兴了，皱着眉头说道："你们怎么可能没钱呢？您和妈妈每天都能赚个百八十的，这些钱都花在哪里了？您要是舍不得给我，我以后就不回这个家了。"听到这样的话，老张忙说："你不要着急，我再想想办法，你过几天再来吧。"大儿子一听这话，高兴地走了。老张只能找朋友亲戚帮忙，东拼西凑借了三万元钱给大儿子。很快，这个消息被小儿子得知，于是他也兴冲冲地找老张要钱。可是老张已经和亲戚朋友借了那么多钱，哪里还能借到呢？于是，他不得不拒绝小儿子。这下小儿子可不干了，和老张夫妻大吵大闹起来，甚至说出"你给哥哥买车就必须给我买，不能偏心""你不给我买，我就不给你养老"这样的浑话。自此之后，小儿子不再愿意和父母来往，还时常和亲戚朋友抱怨父母偏心哥哥。而大儿子呢？由于担心"养老"的责任全归到自己身上，也对父母唯恐避之不及。老张夫妻没有想到，自己宠爱了一辈子的孩子竟然如此，于是他伤心地说："我们这么宠爱两个孩子，从小就满足他们的所有要求，给他们最好的生活。为了他们结婚买房，我们还花掉了所有积蓄。现在，他们竟然这样对待我们，我们这是养了两个白眼儿狼啊！"

是啊，哪个父母遇到这样的事情能不伤心、愤怒？可是，回过头来想想，难道这样的局面不是老张夫妻自己造成的吗？正如他们自己所说，从孩子小时候开始，他们就非常宠爱孩子，不管孩子有什么要求，他们都毫不犹豫地满足。孩子小的时候，不管多贵的玩具、零食，只要孩子张口，他们就立即买下来。不管孩子犯了什么错，他们从不批评指责一句；孩子成年后，他们为给孩子买房子，拿出自己的所有积蓄，为改善孩子的生活，拿出自己的退休工资，甚至靠卖菜赚钱来贴补两个孩子。他们从来没有拒绝过孩子，对孩子没有底线地付出自己的一切。他们自认为爱是无私的，只要爱孩子就应该无条件地付出一切。可恰恰如此，孩子才形成自私自利的性格，无法容忍父母的拒绝，甚至丧失最基本的孝心。

由此可见，不拒绝孩子，无疑会把疼爱演变为溺爱，把宽容演变成纵容。很多家长如老张夫妻一般，将疼爱和溺爱与宽容和纵容混作一谈。可是，做为父母要知道爱是要理性的，关心孩子的生活，满足孩子的要求，但也要积极正确地引导孩子，对于孩子的不合理要求应该果断拒绝，对于孩子的错误应积极给予引导。所以，为了孩子的未来，为了家庭的幸福，家长要学会用正确的方式来爱和教育孩子，必须保持清醒的头脑，而不是毫无原则地对孩子百依百顺；千万不能纵容孩子的错误，应该告诉他正确的道理，引导他健康成长。作为父母，千万别把溺爱当礼物送给孩子，那不是爱，而是害。正如卢梭所说："你知道用什么方法能使孩子成为不幸的人吗？那就是对他百依百顺。"

7. 我的人生，我拥有选择权和决定权

有段时间，人们讨论最热烈的话题，就是父母对于孩子的管制和控制。最开始，这个话题是通过一档娱乐节目引起的，节目中一位男演员无奈地活在母亲的控制之中：怕孩子上火，母亲坚持每天凌晨四点起床给他熬梨汤喝，这一坚持就是十年。若是孩子不喝，母亲就想各种办法让他妥协；为了照顾孩子的胃，母亲竟然背着铁锅去剧组给他开小灶。不管孩子在哪里，她都会坚持跟随、伺候；因为不喜欢孩子的女朋友，"穿着暴露"，性格太大大咧咧，竟然逼迫孩子分手，导致孩子很难接受爱情……这位母亲的爱确实伟大，很少有人能够做到这样。可是，这种控制欲爆棚的爱却让孩子生活在痛苦中，这位男演员也想要拒绝反抗，可是每次母亲都会以自己的健康威胁，所以他只能隐忍、妥协、消极承受。不仅他如此，他的姐姐也因为母亲的控制而极度恐婚，直到40岁依旧不敢迈进婚姻的殿堂。

可见，父母的控制欲，对于孩子来说，就是一个巨大的灾难。这个世界上，不知道有多少父母以爱之名控制着孩子，每天都说着这样的话："我爱你，所以你要听我的""我是为你好，所以你不能反抗""你是我的孩子，你的一切由我做主"……可是，这些父母却没有想过，这样的控制真的是爱孩子吗？真地能够给孩子带来幸福吗？心理学家李雪说："一个身体只能承受一个灵魂，如果父母的控制密不透风，孩子实际上已经精神死亡。"没错，面对这样控制式的爱，孩子会把父母看作仇敌，而把家庭看作监狱，不是想要彻底逃离，就是在屈服中失去自我，沦为没有灵魂的人。

作家武志红在《感谢自己的不完美》中说："幸福的家庭，都有一个共同点，家里没有控制欲很强的人，而不幸的家庭，都有一个控制欲很强的人。过于管控孩子的情绪、习惯和行为，结果往往都不尽人意。"

就在"父母控制欲"这个讨论持续发酵之时，一部讨论家庭教育的短剧《妈妈的遥控器》进入人们的视野。剧中的妈妈非常爱孩子，在丈夫出轨之后把孩子作为唯一的依靠和活下去的希望。

她把儿子当成生活的全部，只允许儿子按照她的想法和意愿做事。否则，她就觉得儿子就是像丈夫一样背叛了她。

偶然的机会，她得到一个可以操控时间的遥控器，只要按一个按钮，时间就会回到她想要回到的时候。接下来，这个遥控器就成为她操控儿子、让儿子按照自己意愿行事的最好武器。一旦她觉得儿子的做法不符合自己的意愿，她就反复地按返回键，直到孩子做到她满意为止。

在妈妈的控制下，这个孩子成了妈妈希望的样子：一个光鲜亮丽的成功人士，一个言听计从的"妈宝男"。可是他也想要摆脱妈妈的控制，和自己喜欢的女孩在一起，于是他开始拒绝妈妈，想要逃脱，甚至想要用死来摆脱。

然而不幸的是，他想错了，连这个自由都失去了！妈妈不停地按下遥控器，让孩子回到他还没死的那天。他只能永远生活在妈妈遥控的阴影之下，如傀儡一般生活，没有自我，没有自己的人生。

看吧，父母的控制真的非常恐怖、可怕，那么我们如何面对这样的问题呢？

作为父母，我们应该选择放手，尊重孩子的选择，让孩子过自己的人生。不管你的经验多么丰富，你的道理多么正确，你都不能替孩子过一生。你的控制只会给孩子带来痛苦，使他的人生增添更多的无奈和坎坷，既然如此，为什么不放手呢？当然，这一点并不是我们着重谈论的话题。我们要讨论的是，作为子女如何学会拒绝父母的控制，赢回自己的选择权和决定权。且不说《妈妈的遥控器》中可怜的孩子，就说那位男演员，如果他能够坚持原则，理直气壮地拒绝母亲的无微不至、控制欲，能有现在的结果吗？因为享受母亲的照顾，他不想拒绝；因为爱和孝顺母亲，他不敢拒绝；也因为母亲和自己都形成一种习惯，他即便想要拒绝却又不能拒绝，结果只能无奈地"吞下"这苦果。所以很多时候，不要一味地责怪父母的控制欲，更不要抱怨父母的关心。就是因为你开始不坚定地拒绝，不敢抗争，或是不能始终保持坚定的态度，一旦遇到父母一把鼻涕一把泪你就妥协、退让，才有了之后的结果。事实上，拒绝父母的控制不是太大的难题，只要你大胆地对他们说："我的人生，我有选择权和决定权。""我尊重您，更爱您，但是不能让您左右和控制我的人生。"勇敢地做出自己的选择，跟父母据理力争，相信你可以做真正的自己。

一个学生是名副其实的学霸，当初以优秀的成绩考入一所重点大学，之后又成功地获得保送研究生的资格。这对于很多学生来说，是求之不得的，而且他跟随的老师是学术界非常著名的学者。他研究生一旦毕业，肯定有非常好的前途。他却想要拒绝这样的机会，希望到美国留学，增长自己的见识，扩宽自己的视野。然而，他的父母觉得保研是一条非常好的道路，既不用一个人去遥远的美国，又可以得到好的前程，便极力阻止他出国，甚至还说："一旦你出国，我就会断了你的学费和生活费。"可是，这并没有让他妥协。他不停地和父母交涉，心平气和地沟通，甚至是面红耳赤地争吵。不管怎样，他始终拒绝父母支配自己的人生，坚持自己的选择，最后父母没有办法，只能任由他到美国闯荡。而他也对得起自己的付出，成功地拿到美国的医师执照，过上自己梦想中的生活。相信，若是他不拒绝父母，接受保研的计划，也会有好的前途。但是他的生活不会如现在这样快乐，内心不会像现在这样满足，因为那不是他自己的选择，是父母干涉和控制下的结果。

　　我们说，没有不爱自己孩子的父母，可很多父母的爱却没有界限感，把自己的爱变成对孩子的过度管制、过度保护。很多父母不管孩子是小朋友，还是已经长大成人，都习惯控制他们，一心想要包揽孩子的一切。所以，若是你不想失去自我，不愿承受父母管制的折磨和煎熬，那就大胆地拒绝，理直气壮地说"不"。

8.　有些人适合狠狠地爱，有些人适合远离

爱情是人们内心最真实的渴望。每个人都希望自己能够在合适的时间遇到合适的人，然后经历一段或是刻骨铭心或是情意绵绵的爱情。可是，若遇到不合适的人，不管多么深爱，也注定是一场错误。错误的爱情，不会收获好的结果，所以明智的人会选择远离、拒绝，宁愿让自己痛苦，也要尽快抽身。他们知道，不这样的话，恐怕会让自己更加痛苦，甚至就此沉沦下去。

我们都知道卡夫卡，他的短篇小说《变形记》直到今天仍深受人们的喜爱。可鲜有人知道，卡夫卡曾经历了一段甜蜜而又悲哀的爱情，也是他几十年的时光中唯一的爱情。年轻时的卡夫卡不值一文，总是喜欢到一家咖啡馆写作。在这个过程中，他遇到了一位美丽的女子，喜欢读他的文章，而他也喜欢上了她。她是第一个读《变形记》手稿的人，也是唯一能够读懂他手稿的人。当时，卡夫卡每写一页，她便看一页，两个人心照不宣。两个月后，她在咖啡馆里看完了卡夫卡所有的手稿，并且留了一张字条，上边写着这样一句话："2个月的时间，我不得不坦诚地承认，我喜欢上了你和你的所有作品。"而这句话也是卡夫卡的心里话，他彻底爱上了这位美丽、知性、懂自己的女人。然而，这位女子却是一位银行家的妻子，卡夫卡对于这一切并不知情。之后，卡夫卡和这位女子通过信件频繁地联系，两个人谈论写作，交流思想，也表达自己的情感。可是有一天，卡夫卡终于知道了事情的真相，知道这个女子其实是有夫之妇。虽然对于她来说，自己的婚姻是不幸的，她并不爱自己的丈夫。但是对于卡夫卡来说，

他不能容忍自己成为别人的情夫，更不能允许自己在爱的名义下做出苟且之事。

沉思之后，卡夫卡切断了与这名女子的一切联系，不再前往那家让自己永难忘怀的咖啡馆。之后，他再也没有见过她，尽管他是那样地爱着她，就连弥留之际都喊着她的名字。

那段来去匆匆的爱情，在卡夫卡的生命里是万分珍贵的，也是甜蜜而又悲伤的。可是卡夫卡却令人敬佩，虽然他爱那个女人至深，直到死去也无法忘记，但是却用自己的行动证明真正的爱究竟是什么样子——爱是真诚，容不下任何苟且。

可想而知，当他知道自己深爱的女人是有夫之妇时，内心深处是多么复杂，当他决定斩断和深爱的人一切联系的时候，内心是多么痛苦。可是他知道，自己的爱情名不正言不顺，如果将第三者的身份继续下去，将是对她的丈夫的极大伤害，更是对爱情的亵渎和不尊重。他做到了常人想到却很难做到的——给每个人以尊重，让自己的爱不苟且。

诚然每个人都有追求爱情的权利，可是爱情容不下任何苟且，更容不下将错就错。所以，若是遇到正确的人，我们就应该狠狠地爱，珍惜自己的爱情。可若是遇到不正确的人，就应该果断拒绝、远离，拒绝在爱情中迷失自己，更拒绝用爱的名义伤害无辜的人。

若是明明知道自己爱上错误的人，却不肯果断地把这份爱放下，不肯拒绝，自己和对方都会遍体鳞伤。

他是一位事业有成的男人，有一个不大不小的公司，且成熟有魅力，家庭还算幸福、美满，妻子贤惠，孩子可爱。就是因为如此，他很受年轻女孩的欢迎。公司一个美丽大方的女孩多次对他表示好感，可是都被他巧妙地拒绝了。

一次，妻子带着孩子出门旅游，留下他一个人在家。周末，他一个人在家里忙工作，女孩拎着一大包东西前来拜访，说是担心他一个人不能做饭而饿着肚子工作。接下来，女孩忙着为他收拾房间、打扫卫生，还到厨房准备了丰盛的午餐。看着女孩忙碌的身影，想着她的青春靓丽，他的心突然动了。

很快，女孩做好了丰盛的西餐：牛排、红酒、沙拉，女孩的脸上露出柔柔的笑。他承认妻子虽然贤惠，可就是缺少些情趣，再加上最近几年忙于照顾孩子，很多时候忽略了他的感受。于是，他彻底沦陷了，和女孩发生了不该发生的事情。之后，他享受着女孩的青春、浪漫、温柔，也享受着妻子的照顾、体贴。尽管有时他觉得对不起妻子，可是却无法逃离女孩的爱情陷阱。

当然，不管任何时候，纸都是包不住火的。他的事情被妻子知晓，她伤心地提出离婚，并且不要求任何财产，只要求他让出孩子的抚养权。他以为自己可能会开心和庆幸，可是此时他并没有这样的感觉，发觉自己还深爱着妻子，而对于女孩只是迷恋，抑或是一时情迷。

最后，他选择和女孩分手，可妻子和孩子却永远也无法原谅自己，他每天都生活在痛苦之中……

有些时候，尤其是寂寞和受到诱惑的时候，燥动的感情会一触即发。可这并不是背叛的理由，我们应该明白有些人适合狠狠去爱，有些人就应该果断远离；有些爱情应该牢牢地守住，而有些爱情则最好不要碰触。

爱情需要忠诚，抵挡住诱惑，容不下将就，更容不下苟且。若是遇到错误的人，或是经历了错误的爱情，一定告诉自己果断放下，拒绝不应该爱的人，如此才能收获美好的生活和爱情。

第七章
DIQIZHANG

当你不敢拒绝时，
人际交往上就缺了魅力

　　人们往往爱面子，不敢拒绝别人。事实上，这就是一个人内心弱小的体现，事事怕得罪人，事事想要讨好别人，到头来成为委屈自己的老好人。

　　可老好人到处都是，真正让人喜欢和尊敬的往往不是这些老好人。因为这样的人已经失去了主动权，更失去了自己的人格魅力。

1. 对不起，我的善良与你无关

之前，一位律师在微博上提起"火车换铺"的事件，引起整个社会的广泛讨论。当时，这位律师带着一家人包括孩子坐火车，由于孩子睡上铺不太方便，便想要找人换个下铺。

开始，他找到两名男生，没想到却遭到拒绝，之后才成功和一位女生换铺。这原本是一件非常平常的事情，可事后律师却发了一条微博《火车换铺有感》，文中对好心换铺的女生一笔带过，却着重提及拒绝他的两位男生，言语带着鲜明的讽刺意味。他说："至于那两位男生，你们的做法也没错。只是有朝一日，你们也会为人父，也有带着孩子出门的时候。希望你们不会遇到当年的自己，遇到的都是乐于助人的女孩。"

且不说，男生的拒绝合情合理——"腿受过伤""只要下铺"，就是毫无理由，他们也有拒绝的权利。是否愿意换铺，是他们的权利，任何人都不能把这份助人的情谊变成理所当然，更不能变成强迫、逼迫，否则这就变成了道德绑架。

我们提倡乐于助人，提倡对这个世界善良以待，但不能认为别人的善良和帮助就是理所当然的事情，更不能强求别人委屈自己来帮助你，甚至一旦遭到别人的拒绝，就变相地批评和指责，对他人进行道德绑架，消费他人的爱心。

或许你确实需要帮助，但是这一事实并不意味着你可以对任何人进行"道德绑架"。我们可以帮助你，但必须出于我的善良，出于我的爱心，而不是迫于你的道德绑架。正如尼采所说，迫使人们遵从道德，本身就是不道德的。

可生活中，很多人喜欢道德绑架，他们的"绑架"不仅是针对那些"不愿意"帮助自己的人，还针对身边的所有人。

最常见的就是，坐公交车的时候，很多人会对"不让坐"的年轻人进行道德绑架，以至于很多年轻人时常苦恼地说："现在坐公交车，我最怕的不是拥挤、堵车，而是有老人在身边。只要有老人在我身边，我就如坐针毡，不得不让座。可是，我工作了一天也很累，而且难免有身体不舒服的时候。难道我就没有不让坐的权利吗？即便身体不舒服，也必须让座吗？"

确实如此，很多年轻人会被道德绑架，一旦没有为身边的老人让座，有些老人就会阴阳怪气地说"哎呀，现在的年轻人可真没有素质，都不知道尊老爱幼了！""现在真是世风日下，年轻人都不知道给老人让座。"

于是，很多人便附和起来，"是啊！这些人真是没有教养！""年轻人身强体健，怎么就不知道为老人着想呢！""他们也有老的一天……"

甚至有些时候，年轻人本来想要让座，可还没来得及站起来，身旁的陌生人就说了："小伙子，起来给老人让个座吧！""你看，老人站你旁边了，你怎么都不知道让座呢！"然后，被人"指点"的年轻人只能尴尬地站起来，还要承受别人异样的眼神……

诚然，尊老爱幼是中华民族的传统美德，年轻人确实应该礼让老人。可这并不是每个人的义务，更不是被道德绑架的理由。一味谴责别人不帮自己，尤其是指责别人不帮助，难道就是真的道德高尚吗？他们只是慷别人之慨，消费别人的爱心罢了。

现在，有多少人打着善良的名义，愤填膺地做着道德绑架的事情，又有多少人把别人的付出和爱人当作理所应该！2012年的一部电影《搜索》，可以说是淋漓尽致地展现了"道德绑架"的危害。

主人公叶蓝秋身患淋巴癌，得知这个噩耗之后，她心灰意冷地上了一辆公交车。正当她精神恍惚时，乘务员大声喊她给老大爷让座，若是换作平时，她总是能积极响应。可是面对悲惨的命运，她选择任性一回，没有做任何回应。谁知，那位大爷竟然说："不就是一个座位吗，就当我让给这个姑娘了。"这座位俨然成了他的，而且好像原本就属于他。

之后，这件小事引起巨大轰动，公交车上的所有人都抢占了道德制高点，指责、嘲讽主人公，媒体和整个社会都加入这场"软暴力"，逼得她最终选择自杀。

试问，这样的善良是不是太残忍了？所以，我们要明白一个道理，己所不欲，勿施于人，不要以道德绑架干涉别人选择的自由，也一定要拒绝道德绑架，大声说："对不起，我的善良与你无关！"

一位公交车司机就做得非常好。一天，这位司机开到某站后，上来一位老人，老人上车后才发现自己忘记带钱，就不好意思地说出原因，希望司机能够通融一下。

其实，这种情况时常会发生，司机若是觉得对方不像是故意逃票，通常都会通融的。可他还没有说完，其中一位男乘客就说话了："司机，你就给老人家免票吧。你看人家年纪大了，不过才2元钱，就算了吧！大家都有老的那一天，是不是？"

这位乘客一说完，其他人就附和起来。可司机却拒绝了这位乘客，并且说道："2块钱是不多，老人也属于特殊情况，我没有准备向他要。但是我必须说清楚一件事情：如果你想要当好人，就帮助老人把车票买了。若是你不愿意出钱，就不要用你口中的善良和道德来绑架别人。你想得倒美，不愿意出钱，却跑出来装好人。哪有这样的好事！"

　　司机继续说："而且，我没有权利给任何人免票，到了总站之后，我自己必须把这钱给公司补交上。所以，这个好人我自己会当，并不需要任何人来充当好人！"

　　接下来，司机让老人坐好，并且嘱咐道："老人家，这次我就替你交了这钱，下次出门一定要记得带钱包啊！"

　　是的，总有一些人不愿意出力出钱帮助别人，却想要慷他人之慨，好人好事永远是在嘴上，却从不行动。遇到这样的情况，我们就应该大声地拒绝，拒绝他绑架我们的善良，更拒绝被道德绑架。

2. 不懂得拒绝，才是最愚蠢的善良

网上流行一个词，叫"圣母"，是指那些对世界上任何事物都抱有同情心，对任何人都"心存善良"的人。可在某种情况下，他们的善良是不恰当、过分的，甚至已经到了极端的程度。

举个例子来说。小时候我们都听过农夫和蛇的故事，大多数人会批评农夫的愚蠢、可笑，提议把咬了农夫的蛇打死。可"圣母"却不这么认为，他们会指责提议把蛇打死的人，说蛇也是一条生命，应该被善待。

简单来说，就是这些人的心是善良的，但这善良却给错了对象，并且是非不分，黑白不辨。

实际上，不懂拒绝也是一种"圣母"行为，是一种愚蠢可笑的善良。明知道朋友借钱不还，还非要一而再再而三地借给他，不好意思拒绝，难道这不愚蠢吗？明明自己不舒服，却依旧把座让给别人，不说"不好意思，我不舒服，不能让座"，这不是可笑吗？明明知道对方是故意算计你，却依旧抱着"助人为乐"的想法，不拒绝他的非分要求，难道不是"圣母"吗？

我们需要善良，但却不能逼着自己做类似的事情，更不能因为"圣母病"、道德感泛滥而觉得自己不应该拒绝别人。这不是理智上的善良，而是没有原则的善良，用一个字来概况就是"蠢"。

这是因为，并不是所有人都是真的弱小、无辜，更不是任何人都值得你不惜一切代价去帮助，甚至有些人会利用你的善良，做出伤害你的事情。

马末都先生讲过一个亲身经历：

那时候，他还比较年轻，但也算是小有成绩。凭借创作的颇有影响力的作品，他赢得很多人的喜欢，也赚了一笔不小的收入——8000元的存款。对现在来说，这笔钱没有什么，但当时绝大部分人的月人均收入不过十几块，这可以说是一笔巨款了。

一天，马末都先生在路边遇到一个人，正在地上写字，乞求别人的帮助。别看这人沦落如此，可字写得很好，刚劲有力。马末都先生觉得他可能是个有才华的人，只是暂时遇到了困难，于是便上前搭话，请他饱餐一顿。

席间，两人越谈越投机，一来二去成了朋友。后来，那人吞吞吐吐地说自己欠了一大笔钱，足足有2000元，想要和马末都先生借钱还债。2000元可不是一笔小数目，马末都先生非常犹豫，不知道是该借还是该回绝。

最后，马末都先生一狠心一咬牙，把这么大一笔钱借给了那人。因为在他的心中，始终认为钱财如粪土，仁义值千金。

可过了一段时间，那人又来找马末都先生，依旧是憔悴不堪、愁眉不展。

马末都先生不解地问道："你为什么还是这么凄惨，之前的债不是还完了吗？"

那人回答说："你借给我的钱太少了，根本不够还债的。"

"什么，2000元还少？"马末都先生惊讶地说："而且，你之前不是说你只欠了2000元吗？"

谁知那人理直气壮地说："那只是欠账的一部分，还有4000元钱没有还呢？"

一听这话，马末都先生愣住了。4000元钱，这可是之前的两倍！而且，一旦借给他，自己好不容易赚来的钱就所剩无几了。可看着那人凄惨的样子，马未都先生心软了，心想：既然之前已经借给他2000元钱，如果这时拒绝的话，岂不是之前的人情全白做了？再说，救人救到底，送佛到西天，我就再帮他这 次吧。

结果，马未都先生又借给对方4000元。事情的结局却让他耿耿于怀好多年，那人拿了那笔钱之后就消失不见了，再也没有和他联系过。

一大笔积蓄，化为一空。这其实就是马未都先生过分善良、不懂得拒绝的结果。可以说，这不是善，而是一种愚。对于一个陌生人，他竟然"善良泛滥"，一次性借给对方2000元钱，不是愚，又是什么？

之后，那人得寸进尺，狮子大开口，再要求借4000元钱。这时候，马未都先生完全可以明智地止损，果断地拒绝这个要求。可是，他却说什么"救人救到底，送佛到西天"，继续做出愚蠢的决定，结果只能是鸡飞蛋打。这不是蠢，是什么？

事实上，马未都先生就是误解了善良的含义，把善良当作无限度的忍让、宽容、慈爱，认为别人怎么对待他，他都报以爱和关心。

从某种程度来讲，善良是一个人最珍贵的品质，更是人与人之间友谊的桥梁。但是，你的善良不应该成为桎梏，否则只能给别人带来伤害你的机会。很多时候，人心是贪婪、可怕的，那些看似可怜凄惨、老实忠厚的人，其实背后隐藏着算计、贪心。你答应了他们的要求，他们却想要更多，而且还认为你理所应当地给予帮助。

善良本没有错，这应该是每个人都坚守的良知。但是，善良的方式和对象却应该有所区别，如果你把这份善良毫无原则地付出或给错了对象，那就是一种错误、一种愚蠢。即便你做了好事，也只是成全了坏人，伤害了自己。

善良应该是一种智慧，而不是一味地付出，更不是毫无原则的

"爱心泛滥"。在理应拒绝的时候，你依旧不拒绝，让自己受到伤害，让对方得逞，就是一种愚蠢的"圣母行为"。

所以，你的善良应该选对人、用对方法，既要帮助了别人，又要成就自己的美好。该拒绝的时候就拒绝，停止被利用、牺牲，如此才能对得起自己的善良。

3. 拒绝别人的伤害，是对自己最基本的善

朵儿是一位事业型女人，平时工作忙，再加上要求高，直到30岁还没有结婚。不过，她并不着急，因为她觉得现在生活非常好，一份不错的事业，拥有自由自在的生活。若是遇到合适的、对眼的人，她自然会顺其自然地走入婚姻，可若是遇不到合适的人，她也享受现在的单身生活。

可老家的父母和七大姑八大姨却不这样想，觉得朵儿已经是大龄剩女了，再不结婚的话就太不像话了。好在父母并不强迫她，也不是那么积极地催促她结婚。然而，那些亲戚却非常上心，每逢她回家，一个个就会集体拷问："朵儿，你找到对象了吗？""准备什么结婚？""你已经老大不小了，为什么还不结婚？""虽然你条件不错，可不要太挑了，否则再过几年就没人要了！"

面对亲戚的"问候"，朵儿感到非常郁闷，可碍于父母的面，子也不好意思直接反驳，只是尴尬地微笑，说自己工作忙，还没有遇到合适的人。

可一位远房的阿姨却让朵儿非常火大。这位阿姨平时说话非常刻薄，总是讽刺这个、嘲讽那个，然后再夸耀自己的女儿。每当见到朵儿，她都会假装关心，然后用嘲讽的语气说："哎呀，我们的朵儿回来啦！你可是大忙人，还没有结婚吗？""你可不要挑花了眼！"每次朵儿都想怼回去，可是父母总是劝说她，让她不要和长辈计较，而且大家都是亲戚，时常因为各种事情碰面，闹翻了可不太好看。如此一来，朵儿就只能躲着这位阿姨，不愿意和她见面。

　　可有一次家族聚会，这位阿姨竟然当众嘲讽起朵儿来。她一边嗑着瓜子，一边笑着说："朵儿，你还没嫁人？今年你都多大了，小心熬成老姑娘。"

　　朵儿深吸了几口气，依旧微笑着说："我现在工作忙，没有时间谈恋爱，再说还没有遇到合适的人。阿姨，我的事情就不要您操心了。"

　　这位阿姨继续说："是啊，你就是太挑了，而且整天忙工作。一个女孩家要什么事业，事业能代替婚姻吗？你看看家里这些女孩子，哪一个还没结婚？哪个像你一样，这么大岁数了还这样瞎折腾？"

　　朵儿回答说："是啊，妹妹们都很幸福，我也挺羡慕的，可是婚姻大事怎能随便呢？我可不想随便找个人嫁了！"

　　谁知这阿姨口气不善地说："我看你是嫁不出去吧！这样吧，我认识一个不错的对象，是XX家的小刚……"

　　朵儿一听这话就火冒三丈，谁不知道小刚就是个小混混，没有工作，还好吃懒做。她没好气地说："不用了。既然小刚这么好，您就留给自己的女儿美美吧！"

　　这阿姨立即大喊大叫起来："你这孩子怎么说话呢？我好心给你介绍对象，你不仅不识好歹，还这样说话没礼貌，真是太没有规矩和教养了！"

　　朵儿也毫不客气，说："你是好心吗？让大家听听，小刚是什么人，你不知道吗？竟然还说是不错的对象，那你怎么不留给自己的女儿？！我不结婚，碍着您什么事情了，您至于每次都讽刺我吗？"

　　周围的亲戚一听两人吵了起来，立即来打圆场。朵儿父母也来劝朵儿，并且让她给这位阿姨赔不是。可这位阿姨依旧不依不饶，指着朵儿骂道："你这臭丫头，实在是太过分了，竟然和长辈这样说话，你上学都学了什么，在大城市都学了什么！"

朵儿不卑不亢地说："之前我尊敬您是长辈，也为了大家的面子，所以任凭你嘲讽。可是您也太为老不尊了，每次说话都阴阳怪气，既然您都不尊重我，我为什么要尊重您。"听了这话，这位阿姨气得说不出来话，周围的亲戚则趁机把她拉走了。

或许有人会说朵儿有些过分了，不应该这样和长辈吵架，不尊重长辈。正如朵儿所说，既然长辈都为老不尊，时时伤害朵儿，她为什么还要忍受，任由她辱骂呢？

事实上，很多人不懂得尊重他人，伤害了别人，却还希望别人一笑而过。可凭什么呢？面对这样的人，我们就应该做出积极反应，拒绝对方的伤害，维护自己的利益。若是你选择退让，不拒绝、不反抗，他们就会得寸进尺，更加肆无忌惮。

再说，受了伤害，为什么要忍气吞声？为什么要假装宽容？我们可以尊重他人，也可以保持自己的修养，但是要明确地表示自己的想法，告诉他们："你的话伤害了我，我对你有意见""我拒绝你的伤害，请停止你的行为"……这样才能保护自己，才是自己最大的善良。

况且，善良的人，对你好的人，不会随意伤害你。对于这样的人，我们内心应该留有一定的位置，尊重他们，但却也不任其为所欲为；对于那些伤害你的人，而且是故意伤害你的人，不管是谁，长辈也好，亲戚也罢，你都应该坚定地拒绝，并且及时地怼回去。

不要让面子绑架自己，更不要让道德过于约束自己，拒绝是避免伤害最有效的手段。拒绝别人的伤害，是对自己最基本的善，也是自己最应该坚持的底线。

4. "高富帅"与"白富美"都是浮云，拒绝朋友的炫耀

每个人都喜欢在别人面前说自己得意的事情，这是人之常情，因为每个人都渴望表现自己，并且渴望得到别人的肯定和赞赏。

可我们身边也有异常喜欢炫耀的人，不管什么时候，不管别人心情如何，就迫不及待地炫耀自己、吹嘘自己。比如，炫耀自己新买的车子，时常自拍喝咖啡、吃饭的情景，可重点却在一旁的车钥匙——通常会给车钥匙一个特写，让人无法忽视；炫耀自己到哪里旅行了，美美的景色，加上美美的自拍，最重要的是一些心灵鸡汤类的文字；炫耀男朋友如何爱自己，情人节、520、生日都给自己买了什么贵重礼物。更有甚者，炫耀其他异性送给自己的礼物，突出自己多么有魅力……

要说上面这些情况还情有可原，毕竟人家拥有这些东西，有值得可炫耀的。而且，有些人并没有想要炫耀，仅仅只是想要分享，分享自己的生活而已。

可另外一些人的行为就让人难以忍受了，这些人明明什么都没有，却还喜欢炫耀，借此满足自己的虚荣心。比如，他也炫耀新车子，可车子却是朋友、亲戚的，只是借机拍个照，然后说一些模棱两可的话，让别人以为车了就是他的；再如，一到节假日就发一些美景的图片，如斐济岛的蓝天白云、新马泰的异国风光，或是欧洲小镇的清新自然等。实际上，这样的人并没有到这些地方旅行过，不是宅在家里就是到周边游玩而已，可为了虚荣心故意炫耀所谓的美景。

　　方青是一个踏实的女孩，虽然生活普普通通，是一个办公室文员，可是她还算比较满足。当然，看到其他要好的朋友过得轻松自在，时常到国内外旅行，买各种名牌衣服、包包，她也有些羡慕，内心感叹地说：要是我想要到哪里旅行，可得攒半年工资；如果要买这个品牌的衣服，我一个月的工资就花光了。

　　于是，每当看到朋友在朋友圈发旅行的图片，她就积极地点赞，然后羡慕地说："你又出去潇洒了？这次去哪里旅行了？真是羡慕你！""这里的风景真美！我要是能去就好了！"每当看到朋友晒新买的口红、包包，她就露出典型的羡慕脸，给出无数的小心心……

　　一次偶然的机会，她却发现其中一个朋友的秘密。那是一个春节长假，朋友说自己要到海南度假，享受那里的碧海蓝天。而且，过了一两天，朋友就发出几张海南的美丽风景，平坦柔软的沙滩，树影婆娑的椰林。她习惯性地点赞，可突然发现有一张图片非常熟悉，自己好像在哪里见过。不过仔细一想，可能是朋友去的地方正好和自己见过的图片相同，就没有太过在意。

　　假期的第三天，方青到一家商场闲逛，却发现了这位朋友的身影——她正在一家奶茶店门前排队。方青心想，我肯定是认错人了，朋友正在海南度假，怎么可能出现在这里呢？于是，她便想要转头离开，突然那人也转过身来，她才发现那人正是自己的朋友。

　　方青和朋友都愣住了，两人没有说一句话。片刻后，她立即尴尬地低下头，转头就离开了。半路上，方青思考了好半天才明白过来，朋友根本没有到海南度假，只是为了虚荣和炫耀才说谎的。而那些晒出的图片，很可能就是从网上下载的。

　　之后，方就再也没有给这个朋友点过赞，当然也没有揭穿她。

　　没错，每个人都有炫耀的心理，晒出来的生活未必是其全部，还有可能是虚假的。不是有那么一句话吗？"网上所有的高富帅和白富美都是浮云，你根本无法知道网络另一方的人究竟是什么人。"无视他人的炫耀，才能真正过好自己的生活。

像方青朋友那样，为了虚荣心而说谎作假，炫耀所谓"高端生活"的人，我们就更应该远离。因为这样的人骨子里是通常自卑的，一看就满嘴"跑火车"，不靠谱得很。面对这样的人，我们可以做到不揭穿，但也不必继续迎合他们。屏蔽对方的朋友圈，或是不再给予点赞和评论，不仅对你有好处，对对方也给予了尊重。

至于那些喜欢故意炫耀自己，每天不是晒吃、晒穿，就是晒玩儿、晒花钱的人，若是觉得这样的人让自己不舒服，也应该坚定地拒绝。若是当事人面对面炫耀，和你说个不停，你可以选择故意忽视，不接他的话茬，这样一来，对方自然就会明白你拒绝的含义，不再继续说下去。

当然，我们未必能全面地认识一个人，不能断定对方是炫耀还是分享。可那又怎样呢？不管他究竟是一个怎样的人，是不是真的虚荣、爱炫耀、爱出风头，还是喜欢分享自己的生活，其实都不重要了。一旦你觉得他的行为让你不喜欢，你就可以直接拒绝。

更何况，很多时候，别人的生活是你羡慕不来的，反而还会给自己增加心理压力。所以，对于那几个朋友，方青也不再羡慕，不再积极地点赞和评论。她觉得自己过好自己的生活便好，别人不管是炫耀还是分享，都是她们自己的生活。若是因为羡慕而弄得自己心里不平衡，那就得不偿失了。

所以，我们应该做得到不要在别人面前炫耀，同样也需要拒绝别人的炫耀。前者是我们的素养，而后者是我们的权利。

5. 不做被愚弄的"小丑",拒绝拿自己乱开玩笑的人

我们大部分人都被开过玩笑:

小时候,总是有大人逗你:来,叫叔叔。你叫叔叔,我就给你买糖吃。或是说:你不是你妈妈亲生的,是你妈妈从垃圾桶捡来的。当我们听了这样的话表现出愉快、悲伤、伤心的表情时,那些开玩笑的大人就会哈哈大笑;

长大了,有人会笑话你的缺点或是不足,说"哎呀,你看你真胖,就好像一只大熊",或是把你很久之前的糗事当笑料:你那时真的太傻了!骑车摔个"狗吃屎",门牙还摔掉了一颗,现在想起来还觉得好搞笑……

等你有了孩子之后,有人甚至会拿你的孩子开玩笑,说:"哎呀,这孩子怎么一点儿都不像你,是不是基因出了问题啊!"

……

被这样开玩笑,你是不是感到非常不爽,并且有想要打他一顿的冲动。可是,很多时候是不是又碍于情面,不好意思发火?可你越是宽容,他们就越是过分,甚至把愚弄你当成乐趣。因为这些人根本没有修养,不注意说话的尺度,更不会在乎你的感受。

小A和小B是比较要好的朋友,小A很爱开玩笑,时不时和小B开些小玩笑,拿他的一些小缺点开涮。虽然小B有时也在意小A的乱开玩笑,但是碍于情面也不好意思生气,只是在事后说一句:"以后,你不要开这样的玩笑了!"然而,小A却没有丝毫收敛,玩笑越

开越过分。

比如有一次，小B正在和女朋友约会，小A竟然骗他自己的房子着火了，而自己被反锁在屋子里，让小B赶快回来救自己，否则就要被烧死了。小B急急忙忙搭车赶回来，却看见房子根本没有着火，而小A竟然躺在床上打游戏。看到小B满头大汗地赶回来，他哈哈大笑说："你真是太好骗了！房子着火了，我不会打119吗？还需要你来救我吗？哈哈哈！"

见到这样的情景，小B没有说什么，只能一个人生闷气。而小A呢？却抱怨他开不起玩笑！

还有一次，两人一起上街买东西。走在热闹的街道上，小A又想捉弄小B一下，便想出一个主意。他对小B说："你帮我拿一下手机，我系一下鞋带。"谁知，小B刚接过手机，小A就大声说："你干嘛偷我手机！你这个小偷，快把手机还给我！"

小B一脸懵地问："你干什么？"小A抓住他的手，大声质问："你偷了我的手机，还问我干什么！快还我手机！"

这时候很多人围了上来，对着小B指指点点，说他是小偷，要把他送到派出所，还有人声称要打"小偷"。小B着急地说："你别开玩笑了！人们真拿我当小偷就糟糕了。"可小A还是一副"认真"的样子，让他还手机。

结果事情越闹越大，真的有人报了警，两人被带到公安局。经过好半天的解释，警察才相信他们，当然也免不了教育他们一顿。

直到这时，小B才彻底看清小A，他不是喜欢开玩笑，而是喜欢愚弄人。走出公安局之后，小B生气地说："你实在太过分了！我拿你当朋友，你却多次愚弄我，难道我就是任人愚弄的小丑吗？从现在起，你我不再是朋友，请你好自为之吧！"

谁知，小A还没有认识到自己的错误，说："你怎么开不起玩

笑！我们平时不也经常开玩笑嘛！哼，不是朋友就不是朋友，谁怕
谁啊！"

　　看吧！这样的人就是允许他愚弄人，却不允许你生气。

　　"玩笑"两个字，掩盖了太多"坏人"的本质。因为是玩笑，
你就应该忍受他的无礼，一旦你生气，他们就会说你小气；一旦你大
声反驳，他们就会说你脾气不好。可是如果你宽容，他们就会变本加
厉。他们不懂得尊重人，把嘴欠当玩笑，把无礼当乐趣，把口无遮拦
当直率。

　　生活中就是有这样一种人：他们喜欢和别人开玩笑，却不顾
及对方的感受，不是让对方尴尬就是惹对方生气，甚至会做出伤害
别人的事情。实际上，这样的玩笑一点儿都不好笑，根本不能称为
玩笑。

　　这些人不能把握玩笑的度，把玩笑开过了界。而且，只要你生气
或是反驳，他们就会毫不在乎地说："不就是开个玩笑吗？你看你还
生气了，至于吗？"

　　所以，面对这样的人，你根本不应该讲情面，因为他根本没有顾
及你的情面；也不要不好意思发火，因为他都不尊重你了，你又何必
对他不好意思呢！

　　在人际交往中，你可以有教养，但是不能允许别人把你当"小
丑"；你可以保持礼貌，但是没有必要对愚弄你的人保持礼貌。

　　受到愚弄，受到伤害，为什么要装作没事，还要宽容对方呢？别
人把快乐建立在你的痛苦之上，伤害了你的自尊，难道你还要陪着别
人笑吗？你不喜欢他乱爱开玩笑，就应该大声地拒绝；你生气了，就
应该明确地表示出来。你可以保持自己的教养和礼貌，但是要表达自
己的拒绝、愤怒，这样才能保证自己不受伤害。

　　面对胡乱开玩笑的人，不管是陌生人，还是身边的朋友、亲人、

同事、领导，你都应该明确地表明自己的态度：请你闭嘴！我不喜欢开这样的玩笑！虽然我们做不到以牙还牙，但并不是所有人都配得上你的以德报怨。

　　不管任何时候，不要宽容那些为了取悦自己而贬低别人或是无所顾忌拿别人开涮的人，更不要和这样的人交往，否则你会和这样的人一样无知和可笑。

6. 碍于情面，到头来委屈的却是自己

现在，出国旅行就像家常便饭，很多人会利用假期一个人或是带着家人到美国、东南亚、澳洲旅行。朋友间的代购就成为不可避免的问题，到韩国、日本，别人会让你代购化妆品，到美国，朋友会让你代购奢侈品，而到澳洲则免不了代购奶粉。

朋友间的代购也会滋生很多问题。这不，之前在某论坛就看到一个帖子，是一个女士的吐槽，内容恰好是海外代购引起的冲突。

这位女士和家人一起到美国西岸旅行，包括丈夫、孩子，还有爸爸妈妈、公公婆婆。一个朋友知道这个消息后，问她能不能帮自己代购一些东西。要说这个朋友，关系确实非常亲密，两人是大学同学加舍友，毕业后也时常联系聚会，彼此帮忙。

这位女士心想：按理说，我应该答应朋友的请求，毕竟我们关系这么好。可考虑一下自己的实际情况——带着孩子，加上四个老人，老老小小本来就很难照顾，而且亲戚也都说要带东西，老人没有好意思拒绝，实在再难代购什么了。于是，她就委婉地拒绝了这个朋友，还说出自己的难处。

可这个朋友撒娇地说："亲爱的，你就帮忙带一些嘛。我买的都是一些小东西，不会让你太费劲的！"

碍于朋友的情面，这位女士还是答应了。可没想到，这朋友竟然发来一个购物清单——满满的一张纸，列出十多项，包括鞋子、衣服、包包、精华、口红、奶粉等。更令人惊讶的是，还有一口大铁锅！这些东西都一一标明了色号、款式、尺码，一看就是事

先想好的。这位女士尽管有些郁闷,但既然答应了人家,就没有说什么。

那最后两人为什么会发生冲突呢?

原因很简单,这位女士并没有顺路把这些东西捎回来,而是选择从美国邮寄回来!

一听到这个消息,那个朋友彻底炸了,抱怨说:"既然是邮寄的话,我为什么找你代购呢?现在,网上海外代购这么多,我可以选择他们,不满意的话我还可以退货!""而且,我还白白多花了几百块的国际邮费!"

听了这些话,这位女士非常愤怒,忍不住怼了起来,说:"我本来就已经拒绝你了,可是你说东西少,不费劲,我才勉强答应的!你知道买这些东西有多麻烦吗?我跑了很多地方,还必须一一看清你标明的颜色、型号、尺码。"

"我一家七口,老老小小,就我和老公会些英语,能够和别人沟通。我照顾家人都照顾不过来,还得给你买东西,你现在说不要就不要了!"

"而且,我们一家人是来旅行的,不是来购物的,我怎么给你顺路带回来!先不说我们是否带得动,万一被海关扣下来,该怎么办?这损失是你的还是我的?再说,这快递费不过几百元钱,加起来比你在国内买还划算很多……"

虽然这位女士怼得很痛快,可是她也知道这并不能解决问题!事实上,人家也根本不会和她解决问题,那个朋友和她吵了一架后,直接把她拉黑了。她不仅给人白跑了腿,损失了一万多元钱,还失去了这个十来年的朋友。

或许有人说,这位女士是幸运的,早日看清了朋友的真面目。确实如此,不过可以说这位女士的麻烦也是自己不善拒绝造成的。她碍于朋友的情面，明知道代购很麻烦，却没有坚定地拒绝，结果委屈了自己，也没有落个好。

事实上，中国人就是喜欢讲情面：亲戚有事，希望你照顾一下孩子，你为了情面不好拒绝，结果没想到孩子太顽皮了，不小心磕了碰了，亲戚反而责怪你不用心；

许久不联系的同学，邀请你参加婚礼，你碍于情面毫不犹豫地答应下来，结果因为加班无法前往，同学则抱怨你"发达了，忘记了老同学"；

朋友向你借车，可这车是你新买的，自己还没开几天，但碍于情面还是忍痛借了出去。结果，朋友根本不知道爱惜车子，还回来时里外都脏兮兮的，你抱怨几句，朋友立即产生不满情绪，说你小气，以后再也不麻烦你了……

看吧！这些因为碍于情面而不好意思拒绝别人的人，到头来委屈的只能是自己。

我们说情面很重要，朋友、亲戚、同学之间也应该多讲情，少些计较和算计，可是只顾着讲情，却让自己吃亏、受委屈，却是不可取的。这个世界上总是有这样的人，既想要求人家帮忙，又把人家的帮忙当成理所应当。一旦事后出现问题，他们就会理直气壮地指责抱怨对方，丝毫不觉得自己有错，丝毫不顾及别人帮助他们的情面。

就像那位女士的朋友一样，明明请求朋友帮忙代购，却理直气壮地列出明细，包括大大小小的东西；明明自己小气，不愿意交那几百元的邮寄费，却抱怨朋友给她邮寄回来。最后甚至说什么"我不要了，你自己用或是卖掉吧！"这真是太让人刷新三观了。

我敢断言，即便那位女士帮她顺便带回来，若是被多收关税，或是被海关扣下，她肯定会把责任推给对方，不会还这位女士的关税或是货款，然后还以受害者的身份自居，因为她就是那种不自觉且占便宜没够的人。

　　所以，你若想自己的生活更好，不让自己憋屈，那就应该远离这样所谓的朋友、亲戚、同事。即便不能做到远离，也要避免被情面所困——你念及情面，对方未必念及。

7. 心软的人，拒绝别人好像自己做了错事

董佳是一个心软的人，最受不了别人求她帮忙，一旦别人低三下四，她就会立即妥协，就更别谈什么软磨硬泡了！

她是一家重点中学的老师，平时工作非常忙，需要管理一个班四五十个学生，还要照顾自己刚上幼儿园的孩子。可以说，她每天非常辛苦，几乎没有什么私人时间。

一天，她接到一亲戚的电话，说自己的孩子考上了她所在的重点中学，但是一家人都担心孩子还小，不太会照顾自己，所以不放心孩子住校，想把孩子送到她家来暂住。

亲戚非常客气地说："佳佳，你是我看着长大的，现在在城里有出息了，就帮阿姨这一次吧！你看，我们家孩子才13岁，我实在不放心他一个人住校！再说，你是那个学校的老师，还可以指导他学习！"

董佳一听，觉得自己不能直接拒绝这个亲戚，因为自己小时候确实得到人家很多照顾。但是又一想，自己平时这么忙，怎么有时间多照顾一个孩子啊！再说，现在孩子都很顽皮，万一出点儿事情，自己怎能承担得起呢？

于是，她非常抱歉地说："阿姨，真是太对不起了！我也非常想帮您照顾孩子，可是我每天都比较忙，怕对孩子照顾不周！"

那位亲戚并没有听出她的拒绝之意，随即回答说："不会太麻烦你的，我们家孩子比较皮实，而且非常听话。你放心吧！我已经告诉他了，不许他给我惹事！"

董佳听亲戚这话，就更不好意思了，说："我不是怕孩子惹事，小孩子哪有不淘气的！我们家孩子刚刚几岁，就已经顽皮得很了！我只是怕我每天都忙……"

董佳还没有说完，亲戚又说："你是老师，每天时间不是挺自由的吗？现在孩子们5点多就放学了，你哪有那么忙！再说，我们家孩子已经13岁了，不用你费多少功夫，上下学他都可以自己一个人。只要你让孩子吃饱，督促他好好学习就好了！"

亲戚停了停，又说道："你是不是担心钱的事情？没关系，我们会给孩子出饭费的。每个月还会给孩子零花钱，绝不会让你破费！"

亲戚这么一说，董佳就更不好意思了，她认为亲戚已经想得这么周到，只是让自己照顾一下孩子，自己怎能一直拒绝呢？于是，董佳虽然有些为难，但还是接下了这个任务，帮助亲戚照顾她家的孩子。

这下，她每天除了要忙自己的事情，还要抽时间照顾这个孩子，辅导孩子写作业。虽然自己就是初中老师，但是辅导孩子学业并不是简单的事情，需要耐心、细心。所以，她每天11点多才能上床睡觉，精神状态越来越不好。

而且，既然已经答应亲戚帮助照顾孩子，就不能太过于随意，让孩子受了委屈。所以，董佳时常带孩子去吃大餐，周末还要带两个孩子出去玩。而孩子在学校一旦有什么事情，班主任就会找董佳来沟通……

董佳俨然就像多了一个孩子，确切地说，要比照顾自己的孩子还用心、费心。最起码自己的孩子若是犯了错，她可以批评、责骂，而这个孩子就不行了，她不敢高声对孩子说一句话，恐怕孩子觉得自己对他不好，引起亲戚的不满……

半年下来，董佳身心俱疲，苦不堪言。

其实，董佳就是太心软了，总是觉得拒绝亲戚，就是对不起人家，仿佛自己欠了人家一样。在亲戚提出要求的时候，她首先觉得非常不好意思，因为自己不方便答应这个请求，所以说话的语气充满歉意，多次说"不好意思""对不起"，拒绝得也非常委婉。而一听到亲戚给生活费、饭费，她就立即答应下来，担心亲戚说自己没有人情。

心软的人，拒绝别人就像自己做了错事一样。与怕得罪人不同，这样的人从内心就觉得拒绝别人是错误的，因为觉得自己错了，所以会自责不已。这其实是一种认知上的错误，与烂好人非常相似，只是程度没有烂好人高——烂好人已经到了走火入魔的程度。

一项心理学调查结果显示：一个人的拒绝能力与内心强大有着密切的关系，一个无法拒绝的人，内心一定弱小。相反，一个敢于拒绝的人，内心一定强大。从心理学的角度来说，心软的人内心都非常懦弱，害怕伤害别人，害怕对不起别人。所以，他们尽量不让自己拒绝，宁愿自己受到伤害，委屈自己。

可是要知道，这个世界上没有人欠你什么，你也并不欠任何人什么。就拿董佳来说吧，即便当初那个亲戚曾经帮助过她，对她非常好，她可以心存感激，适当地帮助这个亲戚，却不能认为不帮助对方就是错误的行为，拒绝对方就是对不起人家。毕竟以她的现状来说，帮助亲戚带孩子，确实有些强人所难。

所以，做任何事情都应该有一个原则，不能因为心软而不去拒绝。因为拒绝，你没有对不起谁。学习说"不"，慢慢地，你就会掌握拒绝的技巧，让自己的内心强大起来。

8. 有人损你，给他一个漂亮的回击

生活中，有的人能够善良友好地对待他人，可有的人却时常讽刺、挑衅他人，甚至为了取悦自己而用恶毒的语言贬损他人。"哎呀，你真的笨得像一头蠢猪！""这连衣裙多漂亮，穿在你身上真是浪费啊！""你女朋友真漂亮，可惜一朵鲜花插在了牛粪上！"……

你是否受到过这些损话的伤害？面对这样的情况，你会选择默不作声，还是激烈地还击？当然，不同的反应会有不同的结果，如果选择前者，对方就会得寸进尺，认为你是个可以随便捏的软柿子；可若是选择后者，很可能让彼此发生冲突，导致关系恶化。

正因如此，有些人即便对别人的讽刺、贬损有意见，不甘心沉默忍受，却也不好意思拒绝，不敢给予还击。

其实，拒绝并非只有激烈还击一种途径，选择恰当的方式，既能够漂亮反击，又能够维持自己的风度，让对方说不出话来，这是一个聪明的选择。

之前听过一个故事：

一位年轻人非常喜欢写作，从大学开始就利用业余时间写故事，并且在各大文学网站上发表。他的作品虽然吸引了一部分粉丝的追捧，却没有真正达到火爆的程度。为了追求自己的写作梦，年轻人从来没有放弃，日复一日，年复一年，坚持写作。

终于有一天，他的一本小说由于情节跌宕起伏，人物性格饱满，再加上风格独特而受到广大粉丝的追捧。短短几个月时间，各大文学网站的点击量突破了十几亿大关。随着作品的爆红，各大出版社都想要找他合作，拿下这本小说的出版权。而年轻人则选择了一个信誉良好的出版社，与其签订了出书协议。

在签约仪式上，出版社邀请了很多媒体记者、网络作家，以及这个年轻人的忠实粉丝。可在记者提问环节，一位网络作家站了起来，皮笑肉不笑地说："我读过你的大多数作品，对你的写作风格有一定的了解。可是我发现这本小说的写作风格和你之前的风格不太一样，难道是借鉴了谁的作品，还是干脆找了别人帮忙呢？"

这位网络作家的话可以说非常狠毒，虽然他的语气、态度都非常有礼貌，可事实上却充满挑衅和贬损，暗示这位年轻人的小说是抄袭或者代笔的。这个时候，如果年轻人沉默的话，人们就会以为他默认了这个事实，第二天新闻媒体就会大肆宣传。

可他若是激烈反击，指责那位网络作家胡说八道，人们也会以为他做贼心虚，虚张声势，第二天新闻媒体的报道也不会写得太好听。更重要的是，一旦他情绪激动，与对方发生激烈冲突，签约仪式就会被彻底搞砸。而且，他是现场的主角，冲突发生后，他自己所遭受的损失远比挑衅者更大。

总之，不管他选择哪种方式，他都将面临质疑，不仅影响他与出版社的合作和小说的销量，还将直接影响他的写作生涯。

那么，这位年轻人究竟是怎样回击的呢？

只听他不紧不慢地回答："真是谢谢你！感谢你阅读我所有的作品，既然如此，你肯定也是我忠实的粉丝。您对我的写作风格肯定也非常了解，那么请问，你觉得我借鉴了谁的作品呢？"

那位网络作家一时回答不出来，随即年轻人接着说道："您下的定论，这本新作的风格不像我的风格，可您又说不出我借鉴了哪位作者。那么，是谁替您读了我的小说？"

就这样，这位年轻人用两个反问轻松地化解了对方的责难和指控，不仅没有让现场气氛受到影响，反而还为自己的新书增加了新的噱头。

人际交往中，我们不能期望每个人都善待我们，也不能期望人人都善良。很多时候，有些人总是为了某种目的而嘲笑、指控、贬损我们。然而，有些人的思维是这样的，别人损我，是他无礼、无德，我不能以牙还牙，我是个善良的人，应该宽容、友好地对待所有人。

可我们也说过，善良没错，你的善良不应该给予那些一直伤害你的人，不应该变得善恶不分。虽然你要保持善良的良好品质，但是你的善良需要有锋芒，反击那些损你、伤害你的人。

学会拒绝，是不让自己受伤害的方式，也是避免冲突的方式。只要你的拒绝和还击能够做到点到为止，那可以起到积极的作用——既有理有节地回击对方，又达到维护自身尊严的目的。

如同那个年轻人一样，保持冷静的头脑，找到对方语言中的漏洞，如此才能用聪明的方式给对方一个漂亮的回击。

说到这里，想起一个朋友的趣事。这个朋友喜欢炒股，平时对股票也有些研究。一次聚会上，朋友遇到一个特别能吹牛的同学，这个同学不断地吹嘘自己如何成功，赚了多少钱，买了几辆车。

朋友坐在旁边不说话，任凭这个同学吹嘘自己，反正人家吹牛和他也没有什么关系。可接下来，这个同学竟然说起股票，还说自己买股票挣了好多钱，并且向同学们推荐了好几只"潜力股"。

朋友一听这话就坐不住了，因为这几只股票明显是垃圾股，根本不可能实现触底反弹。他可不能任凭同学们听这个人吹牛，然后眼睁睁看大家损失一大笔钱。于是，他马上加入话题，谈了一下自己的看法，并且说其中几家公司已经濒临破产，马上要退市了，劝同学们可要谨慎选择。

一听朋友说这话，那个同学的脸明显挂不住，便在一旁阴阳怪气地贬损说："没想到，咱们这里竟然出现了一个'华尔街股神'！"

朋友则笑着说："哪里有股神？我不是，你是吗？"那个同学顿时哑口无言。

所以，当别人的话不是带着善意的时候，我们完全可以利用反问的技巧，把他的话全部送回去，打他自己的耳光。

拒绝别人的伤害，并且给出一个漂亮的反击，这才是聪明人的选择。

第八章
DIBAZHANG

拒绝这件事，
最高情商就是彼此欣欣然

一次糟糕的拒绝，可能会令你失去朋友、工作、客户；而一次巧妙的拒绝，既不会伤害到对方，又可增加个人魅力。"不"字写起来很简单，寥寥四笔而已，可是要把"不"巧妙地说出口，却需要高情商。这就是拒绝的艺术。

1.　不会说 "不"，"打哈哈" 总会吧

如果我们一开始就没弄明白别人的请求，别人还会继续对我们提出请求吗？我们还用得着为如何拒绝别人而伤脑筋吗？

所以，有的场合，别人提出的要求，若是你觉得回答了会引起麻烦，不做出回应又显得不礼貌，就可以佯装没有听见，没有看到。你大可以找出种种原因表示你没有听见或者听不清别人说话，这样别人只能无奈地放弃请求。

一位朋友参加了大学同学聚会，其中一个同学是他公司竞争对手的高管。席间，这个同学神秘地说："你们公司下一年有什么计划？不如说来听一听！"

朋友一听，公司计划岂能随意说出来，而且对方还是竞争对手！可他又不愿意让同学难堪，便故意大声说："你说什么？刚才这帮人说话声音太大了，我没有听见！"

此时，所有人都看向他们这里，而这位同学可能也意识到了自己的错误，便随意地说："没什么？我只是说我们下次再找时间聚聚……"

你是不是还以为拒绝别人就是板着脸，严肃地说 "不"？

如果你这样想的话，那就大错特错了。

说 "不" 有很多种方式，义正词严是一种，打哈哈也是一种。当然，你运用的方式不同，所得到的结果也不尽相同。

就像骂人不是非得用脏字一样，拒绝别人，也不一定非要义正词严地说 "不"。否定性的词语最容易引起别人的反感，又会显得

你不近人情。这时候，使用打哈哈这一招，则是最省事、最聪明的选择。

比如，有亲戚给你打电话，想要给你介绍相亲对象，而你最讨厌的就是相亲。你不妨假装突然有急事，或是信号不好，"喂……喂……，不好意思，我这里手机信号不好，我一会儿再给您打过去！"然后就挂断电话，这样既可以给自己缓冲的机会，想出更好的拒绝方法，又可以避免得罪亲戚。

再如，你的同学问你："某某小说写得很不错，你认为怎样？"你可以回答："我还是比较喜欢读小说的。"再如，你的妻子说："今天我们去看话剧好吗？"你如果不愿去，就可以说："我看可以出去欣赏点儿什么。"这样的回答不会引起对方的反感，对方可能还会同意你的意见。

"打哈哈"其实是我们时常所说的"装傻充愣"，是一种情商高的体现，更是一种难得的能力。它的核心就是，遇到一些不便拒绝但又不能不拒绝的人或是事，尽量把话题岔开，让自己的回答偏离主题，甚至可以答非所问。

林志玲是娱乐圈公认的高情商女子，与人说话总是能够做到滴水不漏。最厉害的是，有一次，她被传和某个明星谈恋爱，而这引起众多记者的注意。一个记者问道："是不是有男人在追你？"

换作其他人，可能会直接否认，或是个性地来一句"我拒绝回答！"可是，林志玲却无比愉快地说："有啊有啊，时间在追我！"

这个记者明知道她是在打哈哈，拒绝回答这个问题，可是却不好意思再追问下去了。

一位文艺理论家也深谙这个说话技巧：

有人问："你对当前争论最大的演员刘XX是怎样看的？"

这位理论家回答："我与刘XX不是很熟，他们那一代有很多演员是很优秀的。"这位理论家巧妙地使用选择性拖延，实际上却拒绝了对某演员的评价。

所以，"打哈哈"这种方式既照顾了对方的面子，又维护了自己的利益，难道不是一种大智慧吗？所以，当你觉得自己不会说"不"，或是不敢说"不"的时候，不妨试试"打哈哈"的方式吧。

2.　你给对方留面子，对方还不欣然接受

面对他人的拒绝时，任何人心里都会有不舒服的情绪，特别是脸皮薄、爱面子的人，更是如此。这样的人一旦遭到拒绝，就会觉得自尊心受到严重伤害，甚至还会恼羞成怒。但是，如果我们能够拒绝得比较含蓄，给对方留足面子，对方的郁闷指数就会直线降低，不至于和我们疏离。

在人际交往过程中，把拒绝的话说得含蓄，给对方留足面子非常必要。这不仅体现你的高情商，更体现你的高素养。它是一种不可避免的社交手段，为我们带来更愉悦、和谐的效果。

比如，朋友请你到家里做客，并且热情地为你下厨做了一桌子菜。饭桌上，朋友热情地说："快尝尝这道菜，这可是我的拿手菜，吃过的人没有不夸奖的！"

这个时候，你若是直言不讳地说："不好意思，这菜并不和我的胃口。"还是微笑着说："很不错，这些菜色香味俱全。"然后尝一口拿手菜，委婉地说："你的手艺非常不错，不过我最近嗓子不舒服，不能吃太辣、太油腻的食物，真是太可惜了！"

相信，任何人都能看出来，后者是更高超的拒绝。因为直言不讳地拒绝，不仅伤害对方的感情，不给对方留任何面子，还是不礼貌的行为。试问你这样不尊重别人，别人又怎能接受你的拒绝呢？

后者虽然是找了借口，却把话说得非常委婉，不仅保全了对方的面子，又真诚地表示自己的感谢，如此一来，对方怎能不欣欣然地接受呢？

　　所以，拒绝这件事情，最高的情商就是让对方欣欣然地接受，不伤害彼此的感情。同时，有时候它也是最有用的交际手段，让我们更容易获得别人的好感。

　　当然，给对方留面子，关键在于我们的态度，不要流露出不高兴的表情，而是应该态度和蔼、真诚。比如，别人请求你帮忙，你很难做得到，但是在拒绝的时候，却要温柔和蔼地把话说出来。"你肯请我帮忙，我很高兴。但说句实在话，这件事我无论如何都没法帮你。"或是："我非常愿意帮你，可是你看见了我实在走不开……"

　　在一本杂志上看到这样一个故事，是关于俄国著名钢琴家鲁宾斯坦的，他的拒绝就说得非常巧妙，既表达了自己的想法，又让对方欣然地接受。

　　一次，鲁宾斯坦在巴黎举行演奏会，喜欢他的听众蜂拥而至，演奏会的门票很快就销售一空。一位贵妇人与鲁宾斯坦有几面之缘，非常喜欢听他的演奏，可是这次却没有抢到票。经过几番周折，贵妇人找到鲁宾斯坦，对他说："伟大的钢琴家鲁宾斯坦，我真是太喜欢你了。我从来没有见过你这样的演奏天才，可是你这次的演奏票已经卖光了，不知道是否可以行个方便，帮我找到一个座位？"

　　鲁宾斯坦时常会遇到这样的情形，若是自己手中有票，他通常会满足别人的要求，可是这一次他却爱莫能助，因为他手中确实没有票。为了不让这位贵妇人觉得自己不给她面子，更不想让对方觉得自己过于高傲，他没有直接说出拒绝的话。

　　鲁宾斯坦首先对这位贵妇人的欣赏和喜爱表示感谢，说："亲爱的女士，能够赢得您的喜爱，我感到非常荣幸。正是因为有您这样懂艺术的人，我才能更好地展现自己的才华。"接着，他真诚地说："遗憾的很，我手上一张票也没有。不过，大厅里我有一个座位，如果您高兴……"

　　贵妇人听到这里，非常兴奋地问道："真的吗？您真的能帮我找到位置？那么，那个位置究竟在哪里？"

　　鲁宾斯坦谦和地笑笑，答道："不难找，那个座位就在钢琴后面。"贵妇人立即明白了他话中的含义，笑了笑，不再勉强。鲁宾斯坦的这番话风趣幽默，既巧妙地拒绝贵妇"求票"的要求，又没有伤害到贵妇的面子和感受，反而让对方觉得他更幽默有趣。这样的拒绝方式，实在是让人无法产生不快的情绪。不是吗？

　　我们知道，每个人都有强烈的自尊心，一旦进入社交，不管什么时候都会在意别人的评价，在意别人对自己的态度。通常，当得到肯定的评价时，人们的自尊心得到满足，便会产生一种愉悦的情绪、兴奋的心情，进而"投桃报李"，对满足自己自尊欲望的人产生好感和亲近之情。可若是得到负面的评价，那就会产生失落感、不满和愤怒情绪，感觉自尊心受到伤害，从而进入对抗状态。

　　而拒绝的话语，对于所有人来说都是负面信息，会对人们产生负面影响。尤其是有求于别人时，人们往往都带着惴惴不安的心理。若是我们一开始就直言不讳地拒绝他，或是拒绝的时候态度不佳、口气不好，势必会伤害对方的自尊心，引起对方强烈的反感。

　　所以，当我们不得不拒绝的别人时，一定要尊重他人的自尊，巧妙地使用委婉的语言，态度要和蔼、真诚，这样一来，对方就不会感觉到失了面子，欣欣然地接受我们的拒绝。

3. 揣着明白装糊涂，是最好不过了

做人是应该精明一些，还是应该糊涂一些呢？

不同的人有不同的见解，有人认为精明一些才能在这个社会立足，成就一番事业；可有人认为还是糊涂一点好，糊涂一些便不会斤斤计较，心胸开阔，从而过得自由快乐。

对于这个问题，我始终认为还是糊涂一点为好，当然这糊涂并不是真的糊涂，而是学会装糊涂，懂得一些大智若愚的技巧。尤其是拒绝的时候，若是能装装糊涂，避重就轻，则是最好不过了。

这是因为话不是说得越明白越好，适当的糊涂有时反而能产生一种四两拨千斤的效果，巧妙地让我们脱离困境。尤其是在现实生活中，谁都不喜欢被否定和拒绝，这时我们若能够用含糊的方式拒绝，揣着明白装糊涂，答非所问，就可以轻松地表达自己的拒绝，又让对方无法反驳。

相信很多人知道这个故事：

有一位妇人来找林肯总统，并且理直气壮地说："总统先生，你必须给我儿子一张授衔令，委任他为上校。"林肯看着这位妇人，刚要说话，那妇人就继续说："我提出这一要求，并不是恳求你的恩赐，而是我有这样的权利。因为我的祖父曾参加过克列星顿战役，我的叔父参加过布拉敦斯堡坚持战斗，当时别人都逃跑了，他却没有逃跑。而我的父亲则参加过纳寞林斯之战，我的丈夫死在了蒙特雷。所以，我有权利要求你给我的儿子授衔……"

林肯认真地听完这位妇人的话，一边听一边点着头，等她讲完之

后，接过话茬儿说："夫人，你们一家三代都为国家牺牲，对于这个国家的贡献实在太多了。我对您和您的家庭深表敬意，现在是应该把这样的机会让给别人了。"

林肯明白这位妇人的意思——恳求他看在家人功劳的份上，为自己的儿子授衔。面对这样的情景，他不能直接拒绝，否则不仅伤害老妇人和各位英烈，还会寒了国人的心。可是林肯又不能违规，所以就用这种装糊涂的方式拒绝了——这样的话语既肯定了老妇人家人的贡献，又拒绝了她的要求。而那妇人也无话可说，只能知趣地离开了。

所以，我们总会不可避免地陷入一些尴尬的困境，不能拒绝又不能答应，让自己进退两难。这时候，揣着明白装糊涂就是一种绝好的方法。

同时，"装糊涂"也是一种高超的说话艺术，其精妙之处在于对真、假、虚、实的灵活运用，用真真假假、虚虚实实的态度，将一些看似简单易懂或显而易见的话语引向一个模糊、不明确的方向，即用不具体的语言、不清晰的态度间接地表达拒绝的意思。

清朝初期，有一位辞赋名家叫周宛云，非常有才华，出口成章。当地书生久闻其名，都拿着自己的作品向他请教，并且以能见他一面、聆听他的教诲为荣。

刚开始，周宛云见别人千里迢迢向自己请教，格外尽心。凡是有人请教，他便指出其文章中的缺点，是非曲直，毫不隐瞒。他认为只有这样，那些求助的人才能有所收获，而自己也不辜负他人的赏识和青睐。

谁知那些拿着诗稿前来请教的人，被泼了一瓢冷水之后，便对周宛云有了微词。时间一长，外面便流传出许多风言风语，有人说他自以为是、恃才傲物，有人说他浪得虚名，没有什么真才实学……

周宛云感到非常不解，忍不住向朋友诉苦："我尽心尽力帮助他人，从来没有拒绝过任何人，为什么还招来别人的怨恨呢？有些人的诗句就是狗屁不通，难道我还夸奖他有才华不成？你说我现在究竟应该怎么办？"

朋友笑着说："你这人就是太较真了！以后若是再有人找你评价文章，你可以既不说他的诗好，也不说不好，就说一句'真不容易'就可以了。"这一番话让周宛云醍醐灌顶，连连点头称是。

没过多久，又有一人带着自己的文章前来请教，周宛云改变了之前的做法，不再直来直去地评价。他把那人的数百卷诗稿都读一遍，然后和颜悦色地问："您作诗有多长时间了？"那人回答说："快40年了！"

周宛云用手拍着诗稿，说："在40年里，您竟能作出几百卷诗来，真不容易呀！"那人一听，心里乐开了花，心满意足地离开了。回去之后，那人逢人便说："周宛云先生说我的诗不容易，真是太有眼光了！"

慢慢地，关于周宛云的流言蜚语也逐渐消失了。

其实，周宛云的"真不容易"就是含糊的说法，可以理解为那人的诗作非常不错，也可以理解为那人花了40年竟然写出如此糟糕的诗作，真是不容易。这样含糊的回避法，避重就轻，让对方不得要领，便可以让对方不再提要求，从而满意地接受。

不得不说，不管是林肯还是周宛云都是"装糊涂"的高手，他们用四两拨千斤的方式，把别人的问题"糊涂"地绕了过去。而这样的方式既达到了自己的目的，又让对方满意，何乐而不为呢？

人们总是希望能表现出自己聪明的一面，但在某些情况下，聪明反而容易被聪明误，适当的糊涂才是大智慧的体现。当然，虽然揣着明白装糊涂有时能帮我们顺利地拒绝他人，但是切不能在对方已经戳破你的情况下再继续装糊涂，否则只能适得其反。

4. 拒绝的话，为何非要说得生硬和冷酷？

很多时候，一个人因为你的拒绝而心生抱怨甚至反目成仇，并非完全是由于拒绝本身，更多的是你拒绝的语言和方式伤害了他。

俗话说："良言一句暖三冬，恶语伤人六月寒。"温和的语言，即便是拒绝、批评，也会让人感受到春天般的温暖；而生硬、冷酷的语言，即便是赞同、认可，恐怕也会让人如坠冰洞，心生抱怨。

不妨思考一下："不，我不能帮助你""不行，我不同意这个请求""这不是我的工作，我拒绝接受"……在遭受这些拒绝时，你觉得对方会有怎样的感受？是平静地接受，还是客气地说"没关系"呢？

恐怕都不会！这样的拒绝给人无情、冷酷的感觉，相信任何人都会感到不满、难堪，甚至还会心声怨恨，再也不愿意和你这样的人交往。

小伟是一个好孩子，不但成绩好，还乐于助人。一段时间，小伟每天放学之后都会到家附近的公园喂养一只流浪猫。这只流浪猫看起来只有两三个月大，身体非常瘦小，是小伟偶然间发现的。之后，他每天放学后就会带一些面包、火腿、牛奶之类的食物给它。

最近天气变冷了，小伟担心流浪猫被冻死，于是就带了一件旧衣服，想给它造一个温暖的窝。这天放学后，小伟匆忙收拾好书包，想立即往公园里赶。这时班里一个叫小米的同学叫住他，说："小伟，这道题我有些不懂，你能给我讲讲吗？"

小米平时学习成绩比较差，小伟一有空闲就会帮他补习。可这次小伟却因为着急照顾流浪猫，拒绝了他——小伟拿起那本书看了一眼，然后开口就说："这道题非常简单，你怎么还不会？我还有事情，你自己好好想想吧！"说完，一甩胳膊走了。

第二天上学，小伟想起这件事情，找小米问道："小米，昨天那道题你会了吗？不会的话，我给你讲讲吧！"谁知小米生气地说："会了！我哪敢劳您大驾！您是好学生，而我只是学困生，可不敢耽误您的时间……"

小伟听了之后愣住那里，不知所措。

我们知道，小伟并不是看不起小米，更不是有意要拒绝他。但是他的话说得太生硬、冷酷，让小米以为他在讨厌甚至讽刺自己，这才导致两人的友情受到破坏。其实，在现实生活中，很多成年人时常会犯小伟这样的错误。

所以，我们可以让自己成为正直的人，说话直来直去，但是一旦让这话语变得生硬、冷酷了，或是掺杂着各种各样的刺儿，那便是最愚蠢的做法。伤害了别人，也让自己得罪很多人。正因如此，拒绝的时候，我们需要说出自己的想法，但还应该考虑对方的感受，尽量让拒绝的话充满人情味。

什么是人情味？简单来说就是，你的话语要温和、婉转，给人以关怀、爱护的感觉。你的话要体贴，不能不真诚，不能太过严厉，让对方感觉不舒服。毕竟人都是感情动物，习惯受到情感的支配。如果我们设身处地为对方着想，并且让对方感同身受："原来他是有人情味的，顾及了我们之间的感情""他的拒绝是迫不得已的，他也有自己难处"，那么对方的失望与不快的情绪会被控制在最小范围。

说到这里，想起罗斯福的一个故事：

罗斯福曾经在海军部担任要职。有一次，在聊天过程中，一位好友向他打听军方在加勒比海小岛上建立潜艇基地的事情。其实，这个朋友并不是有意探知军方机密，只是出于好奇心而已。

罗斯福也深知这一点，可不想让朋友尴尬，便没有直截了当地说："这是军事机密，我不能告诉你！"他照顾到了朋友的感情和面子，采取了非常有趣的方式：他神秘地向四周看了看，压低声音问道："你能保密吗？"

朋友立即保证说："当然能。"

之后，罗斯福则微笑着说："那么，我也能。"

看吧，一句简单的回答就解决了问题，既拒绝了朋友的无礼要求，又没有伤害彼此的交情。事实上，善于拒绝的人就算没有答应对方的要求，也不会让对方心生抱怨，甚至还会让对方觉得他更有人情味，从而更加佩服和尊重他。

不妨再看看下面这个故事：

一个热爱文学的大学生，想要与某位作家成为朋友。一次交谈中，他热情地说："今晚六点，我想邀请您共进晚餐，好好向您请教一下，您愿意吗？"

这位作家最近正忙于新的创作，无法抽出时间赴宴。于是，他首先表示自己愿意和大学生做朋友，说："你们年轻人想法多，可以激发我的创作灵感；有活力，让我找到年轻的感觉。我很喜欢你这个年轻人。"这让大学生感到非常高兴。

接着，作家带着歉意说："对你的邀请，我十分荣幸！也许在吃饭过程中，咱们会谈得更深入投机！但是，最近我在忙于创作，实在是无法脱身，所以非常抱歉，我不能与你共进晚餐！"

听了作家的话，大学生才知道他正忙于创作，便连连点头，表示理解作家的工作。为什么会如此？是因为作家的拒绝没有让大学生尴尬，而且带有人情味。

我们说，做人做的就是一个"人情"，如果缺少了人情味，即便你能力再强，事业再成功，恐怕也很难在社会上立足，就更别提处处受人欢迎了！那么，究竟如何让自己的拒绝充满人情味，不那么生硬和冷酷呢？

　　说起来非常简单。首先，你的态度要温和，并且带有歉意。其次，说出自己的理由，真正把拒绝说到对方的心坎里。只有这样，你才能继续给对方留下一个良好的印象。还有，不要以为拒绝之后就万事大吉了，想要让自己的拒绝更有人情味，还应该在事后对对方表示适度的关心。这样的做的目的是让对方明白，你并不是不想帮他，而是确实无能为力。

　　可以说，有人情味的拒绝，就是一种最为成功的拒绝方法。既然如此，你又何乐而不为呢？

5．说"不"之前，你可以先说"是"

聪明的人，在拒绝对方的时候会说："是的，你的要求我可以答应，但是……""是的，我理解你的困难，但是……"

这是因为先说"是"，然后再表达自己说"不"的理由，第一时间会给对方留下不错的印象，从心里上首先攻克了对方。接下来，即便你再开始拒绝他，对方的情绪也不会有太大起伏——他的心里已经有了先入为主的好印象。

我认识一位年纪比较大的老师，是个非常和善的长辈，知识渊博，人缘非常好。但凡与他接触的人，几乎都喜欢和他交往，并且对他敬爱有加。

在交往过程中，我发现这位老师有一个说话习惯，那就是不管对方说什么，他的第一反应都是"是的"，然后指出他认为这些话中合理的一部分，之后再逐渐深入说出自己的想法和意见。

一次，我到这位老师家里拜访，正在谈话的时候，一个年轻人突然来访，说自己有事相求。这个年轻人是老师在一次学术交流会上认识的，之后有过几次交流。年轻人非常热情地说："老师，我最近写了一篇论文，是关于国学方面的，您是这方面的专家，能否帮我看看，提一些参考意见？你知道，我研究国学的时间不长，没有那么深的造诣。"

这位老师听了之后，笑着说："是的，你说的没错。国学博大精深，是我们中华文化的精髓。我研究了一辈子，也不敢说参悟到了它的奥秘。不过作为年轻人，你竟然喜欢研究国学，这是我没有想到的。要知道，现在年轻人都喜欢西方文化，对传统文化很少有兴趣。年轻人，我真的非常欣赏你！"

这几句话说得年轻人连连点头，并且心里欢喜不已。接着，老师话锋一转，说道："我十分想帮助你看看论文，但是非常遗憾，这段时间我要参加xx学校组织的学术论坛，还要抽时间整理一些关于宋词方面的资料，可能会抽不出来身！你可以先找别人看看，实在不行，等我忙过这一段时间之后再帮你看看。"

年轻人见老师如此说，并没有什么不满，而是愧疚地说："不用，不用，是我太唐突了。老师您每天都那么忙，我却因为一件小事来麻烦您！再说，这只是我自己的一些感想，还很不成熟，等我再好好思考、研究之后再找您请教吧！"

不得不说，这位老师真的情商高，极其懂得如何拒绝。对于一个年轻人提出的看论文的要求，他完全可以直接拒绝，但他非但没有如此，反而先给予对方肯定、赞扬，然后再说出委婉拒绝的话。试想，这样的拒绝怎能不让人接受呢？

可见，说"是"非常简单，但却可以缓解之后说"不"的冲突，让对方无法产生太大的抵触心理。试想，如果这位老师直接说："不，我不能帮你看论文，因为我很忙。"恐怕会让年轻人产生误解，觉得老师高傲、冷酷，不懂得提携后辈吧！

拒绝之前先说"是"，采用的就是欲抑先扬、先扬后抑的手法。所以，拒绝不只是简单地说"不"，如果你不明白这个道理，就算你达到了目的，也会输了人心。在说"不"之前，让自己先说"是"，可以赢得朋友，而只说"不"可能失去朋友。

一次，朋友和我说了这样一个事情：

他的一个朋友是某办公用品经销商的销售员，主管让他到一所大学销售办公用品。而这个朋友知道他的表哥在这所大学当总务处长，便求朋友帮忙，拉一下关系。他感到很为难，因为他知道表哥肯定不会同意。

可这个朋友一直软磨硬泡，他实在推脱不掉，只能答应了。那天，两人一起来到这所大学，和表哥说明来意，并递上带来的几个样品。

表哥笑着接过那些样品，仔细地看着。这个朋友立即说："您看我们的产品质量很好，您就采购我们的产品吧！"

表哥笑着说："是的。这些办公用品质量确实不错，一点都不比我们现在购买的这些差。但真的对不起，我们学校和一家办公用品经销商签订了长期的购买合同，我也只能按照合同办事。"

这个朋友听了之后，只能怏怏地离开了。

事后，我的这个朋友说："还是我表哥厉害，轻轻松松地就搞定了这件事情。虽然那个朋友被拒绝了，但也没说什么，和我的关系还非常好。前不久，他还让我向表哥问好呢！"

可见，成功的拒绝应该是双赢的，既达成了自己的目的，也让对方不至于太失落。

所以，无论什么时候，在对方开口说话之前，要先肯定对方，把你和对方的心连接起来。一旦双方的心连接起来，即便你再说"不"，对方也不会有不满的情绪。

6. 巧用暗示，令对方知趣而退

在"不"字难以说出口的时候，利用暗示的方式，把话题模糊化、抽象化，也是一种巧妙的拒绝方式。这样的方式充分保全了对方的面子，又能含蓄地表达自己的拒绝。只要对方不是糊涂人，就可以明白你的暗示，从而知趣地不再强求。

庄子是一个向往自由的人，不愿入仕做官。可我们也知道，庄子的德行和才华都异常出众，在乡里之间具有一定的声望，有人便极力劝说庄子去做官。庄子知道此人是好意，便没有直接拒绝，而是打了一个比方。

庄子说："你看到太庙中被当作祭祀供品的牛马了吗？当它们尚未被宰杀时，享受着人们的供奉，披着华丽的布料，吃着最好的饲料，可以说是风光无比。可是一到太庙，它们就要面临被宰杀的命运，成为祭坛上的贡品。它们想要回到以前自由自在的生活，还有这样的可能吗？"

庄子的言下之意是，虽然当官无比风光，享受人们的敬仰、物质财富，可是却失去了自由，甚至会失去生命。到那时，即便想要回归自由自在的生活也是不可能的。虽然他没有正面拒绝，可这个贴切的比喻却暗示出他的想法——让他去做官是不可能的。

劝说庄子做官的那个人也听懂了他的暗示，不再继续劝说了。

可见，暗示的话语虽然没有当面说出拒绝，但却可以让对方明白你的意思，效果也是一样的。生活中，我们若是不好意思直接说拒绝，或是暂时找不到合适的方式，就可以利用暗示来说"不"。

通常，自言自语就是一种绝好的暗示。当我们很难拒绝时，不妨自言自语说一些"哎呀，这怎么办呢？""真伤脑筋"之类的话。对方见你如此为难，就能理解你的苦衷，从而不再提出要求。即便对方没有听懂你的暗示，你也可以继续使用"哎呀，真是一言难尽，真没办法！"之类的话给予回答。

你还可以假借自言自语说出自己的建议，让对方领会你的意图。

纳斯特是美国著名的漫画家，当初出版家赫斯脱在旧金山办报纸的时候，曾经邀请他为报纸创作一幅漫画。漫画的内容是关于呼吁社会公众关注电车安全方面的，赫斯脱希望通过这幅漫画能够唤起公众的爱心，迫使电车公司在电车前面装上保险栏杆，以便防止意外伤人。

可纳斯特的这幅漫画并不成功，即便刊登出去，效果也差强人意。那么，如何能够让纳斯特明白自己的意见，并且愉快地再创作一幅漫画呢？很快，赫斯脱想到一个办法。当天晚上，他邀请纳斯特共进晚餐，并且对这幅漫画进行了赞赏，夸奖纳斯特的高水平。

可接下来，他却一边喝酒，一边自言自语地说："唉，这里的电车已经让很多孩子了，多可怜的孩子啊！这些司机简直太不像话了，简直就像魔鬼！他们睁大眼睛，却看不见在街上玩的孩子，甚至专门搜索着孩子，直接朝着孩子们撞上去……"

与其说赫斯脱是自言自语，不如说故意把自己的意见用这种方式说出来，暗示纳斯特自己理想中的漫画是这样的。而纳斯特听了他的自言自语，也突然来了灵感，他从坐椅上弹跳起来，大声喊道："赫斯脱先生，你说得太对了！这才是一幅出色的漫画！我之前为什么没有想到这个创意，寄给你的那幅漫画，请扔入纸篓，我会马上再寄给你一幅。"

赫斯脱是聪明的，他知道若是自己拒绝刊登这幅漫画，让纳斯特重新画一幅，势必会浪费很多口舌，还可能因为意见相左导致双方关系僵化。所以，他通过自言自语的方式来暗示，让纳斯特欣然地接受了意见。

当然，暗示的拒绝方式可以是语言的暗示，也可以是身体动作的暗示。很多时候，身体语言要比话语更具有魅力，能够表达我们的思想和意见。聪明的人往往能够从我们的一举一动、一颦一笑中了解我们的心理。

比如，你拒绝和一个人交谈，就可以用躲避目光、转身、长时间沉默的方式来暗示；当你拒绝他人的要求时，可以板起面孔，或是皱着眉头；当你想要下逐客令的时候，可以转动脖子，或是按太阳穴以及眉毛下部穴位……这些身体语言都能传递一个信号，能够让对方明白你的拒绝意图。

但是我们也应该明白，你的暗示不能太隐晦，身体语言也不能太夸张，否则就无法起到很好的作用。只有巧妙地运用暗示拒绝法，恰当地表达出"不"的意思，才能做到不伤和气，达到自己的目的。

7. 拒绝不见面，人情自然就不遭损

美国经典影片《教父》中有这样一个片段，马龙·白兰度饰演的老教父告诫他的接班人说："当你说'不'字时，你得把'不'字说得听上去就像'是'字一样悦耳。另一个办法就是你得设法让他们说'不'字。你得耐心，还得不怕麻烦。"

这句话说得非常有道理。确实，在对人说"不"字的时候，让拒绝变得悦耳一些，不损害人情可以说是上上之选。我们应该把这句话放在心头，并且努力付诸实践。那么，如何才能做到呢？

其实，不见面的拒绝就是很好的方式，其"杀伤性"要比当面拒绝小得多。

打个比方，你和朋友聊天，在电话里聊天，聊得再起劲儿也不如面对面畅快。你和别人吵架，在电话里吵得再激烈，也不如面对面吵得痛快。这是因为两人若是面对面，话语的冲击力更强，再加上面部表情、身体语言使得我们的情绪更能充分地体现，从而导致对方接受的信息更加全面，感受也最为直接。

若是通过电话沟通，不管是聊天还是吵架，对方都没有直接感受，感情上也会被冲淡一些。拒绝的时候也是如此，不见面的拒绝增加了距离感，减少了面对面的冲突感，也冲淡了被人拒绝所带来的沮丧感。如此一来，对方就更容易接受你的拒绝。

同时，利用电话来拒绝，不但节省时间，还可以避免看到对方失望的眼神而歉疚于心。很多人不好意思拒绝，就是因为情面，怕看到对方失望的眼神，而说不出拒绝的话语。

当然，除了电话，书面拒绝也是最好的方式。与电话相比，它更间接、委婉，因为连谈话也避免了。避免和对方接触、交谈，使得拒绝的话更容易说出口。然而，需要注意的是，这种方式最直接、直白，所有的话语都体现在纸上，且不给对方反驳的余地。

若是不能掌握说话艺术，把拒绝的话写得太直白、太刺眼，它产生的负面效果甚至比当面拒绝更大，反而得到适得其反的结果。所以，我们一定要注意说话技巧，把拒绝的话说得像"是"一样动听。

启功先生是我国著名的学者、画家、书法家，是一位国宝级的大师，他的拒绝就说得非常动听，不仅达到了自己的目的，还让所有人都欣然接受、肃然起敬。

启功先生谦虚、低调，又乐于指导他人，所以每天都有很多书法爱好者前来请教，希望能够让先生指点一二。如此一来，启功先生终日得不到休息，可他并没有因此拒绝那些上门的人，还时常自嘲地说："我现在好像动物园的大熊猫，每天都有这么多人前来拜访。"

有一次，启功先生得了重感冒，起不来床。为了避免有人前来敲门打扰，先生在一张白纸上写下四句话："熊猫病了，谢绝参观；如敲门窗，罚款一元。"并且叫人贴在家门口。果然，很多人看到字条后都一笑而之，不再打扰老先生休息。

启功先生非常有智慧，且幽默有趣。他知道，若是有人前来请教，自己当面拒绝的话，不仅浪费时间和口舌，还可能打击这些造访者满心的热忱，更有甚至，有人会说老先生恃才傲物，目中无人。而这种不见面的拒绝却是最好的，虽然话说得直白，却诙谐有趣，让登门人一笑之后，体谅到老先生的难处，欣然地接受拒绝。

听了这个故事，你是不是也被折服了？相信，很多人会有这样的感觉。后来，这件事情被漫画家华君武先生知道，他专门为启功先生画了一幅漫画。上面题写："启功先生，书法大家。人称国宝，都来找他。请出索画，累得躺下。大门外面，免战高挂。上写四字，熊猫病了。"

所以，当我们决定要拒绝一个人又实在拉不下脸面的时候，不妨换一种方式，在不见面的情况下说"拒绝"。除了我们所说的电话、字条，不见面的拒绝还有很多方式。现在，社交工具如此发达，微信、QQ、邮件、短信等都可以为你服务。

不管你使用哪一种拒绝方法，我们都应该记住一点，那就是你的目的是不破坏人情关系，不让对方产生不满情绪。所以，在拒绝的时候，一定要讲究策略和语言，力求占据主动地位。这样一来，即便对方提出异议，你也可以随机应变，更好地应对问题。

总之，我们不仅要敢于拒绝，更要善于拒绝。巧妙一些，灵活变通一些，如此自然不会使得人情受损。

8. 拖延，未尝不是拒绝的好方法

拖延不是一个好习惯，它是一个人懒惰、懈怠的象征，很可能让一个人走向失败。可是，在拒绝这个问题上，拖延未尝不是好的方法。当别人提出要求或是寻求你的帮忙时，你一时找不到好的挡箭牌，可又不能立即拒绝，采取拖延的方式，或许就可以解决问题。

吴菲在一次商业朋友聚会上新认识一个朋友，这个朋友对吴菲很有意思，想追求她。于是他就找了吴菲的老板，请老板撮合两人，而吴菲老板也乐享其成，便找了吴菲谈话，询问吴菲的意见。

吴菲对这个朋友印象还不错，高大阳光，虽不算帅气，但说话还挺幽默的。于是，她便接受了老板的好意，同意和这个朋友单独见一面。可见面之后，吴菲不仅对这个朋友失去好感，还心生反感——这个朋友自诩幽默风趣，说话却没有分寸。

当时，两人正在咖啡厅说话，他竟然凑过来，指着一个比较肥胖的女人说："你看那个女人，就像一只大笨熊。她怎么不知道保养自己的身材呢？真不知道她老公怎能忍受她？你就比较瘦，我还是比较喜欢瘦一点的女生。"

就这样，吴菲把这个朋友从内心PASS掉了，不想继续和他发展下去。可这个朋友却对吴菲非常热情，那段时间每天都约她见面。"今天，我们去吃饭吧！""你今天是否有时间，不如去看电影吧！"

而吴菲为了不让老板难堪，没有直接说出拒绝的原因。每当他约自己的时候，她就会说："不好意思，我今天没有时间。""不好意思，我实在太忙了，很晚才能下班。"若是对方说"明天呢？"她则会说明天也挺忙的，和闺蜜约好了。就这样，吴菲今天拖明天，明天拖后天，几次之后那个朋友也知道了她的意思，不再和她联系。

所以，用拖延的方法拒绝他人，也非常有效。在生活或是工作中，我们若是不想答应别人的要求，或是不能帮助他人，又不好意思直接拒绝，就可以用这种方法。今天拖明天，明天拖后天，对方自然不会再强求。

当然，这是在你没有答应别人之前，若是你已经答应了别人，就应该尽快想办法解决，而不是一再拖延。因为这就是不负责任的体现，更是不守信用的体现。

拖延也可以是一种缓兵之计，在不能直接拒绝的情况下，先拖一拖，我们便可以为自己赢得更多时间。

大胡是一家企业的销售部主任。一天，他正在和一位新客户谈生意，双方交谈非常愉快，马上就能够达成合作协议。可在这关键时刻，一个大客户打电话进来，说有重要问题需要沟通，若是不及时解决就要撤销已经答应的购买合同。

大胡见对方态度坚决，仿佛没有回旋的余地，顿时感到非常着急，想要和客户详细谈一谈，因为这个客户是自己好不容易拿下来的，若是流失了，会对公司造成不小的损失。可是，现在这个新客户怎么办呢？若是让人家等候，恐怕谈判的气氛就会有所改变，快要达成的协议也将泡汤。

于是，大胡决定先和新客户达成协议，然后再处理那个大客户的问题。他没有直接说自己现在不能和他谈话，而是笑着说："既然您有重要问题需要沟通，我当然应该立即跟进。不过，您看电话沟通可能不太合适，也不能体现我的诚意。您觉得我现在就到您公司拜访，面对面为你解答这些问题，如何？"

那个大客户见大胡态度真诚，便答应了他的要求，然后大胡说：

"我到您公司需要半个小时的时间，然而我需要让秘书准备相关合约和资料，这也需要半小时。我一个小时后到达您的公司，可以吗？"

其实，大胡根本不需要准备合约和资料，这半小时只是他为自己争取的时间。他知道，这足以让他与新客户达成协议，签订初步的销售合同。

就这样，大胡继续谈笑风生地和新客户协商，并且很快签订了合同。之后，他又立即赶到大客户公司进行面谈，经过商谈之后，才明白原来这客户根本没有打算撤销合同，只是想借此压低供货价格。在大胡的口灿莲花之下，大客户终于被说服，还称赞大胡雷厉风行，善于解决问题。

试想，要是刚开始大胡直接拒绝，说："不好意思，我现在有新客户，能不能过一个小时再和你沟通？"恐怕这个客户就真的因为不满而解除合约，谁也不想被别人怠慢。正是因为大胡聪明地以"当面沟通""亲自拜访"为借口，拖延了一个小时，也为自己赢得了时间和机会。可以说，他这个缓兵之计真不失为一种睿智而恰当的做法！

所以，在拒绝这个问题上，拖延并不是逃避，更不是懦弱，而是一种聪明的缓兵之计。在紧急情况下，你不能直接拒绝他人，又不得不拒绝，拖延这个方法便可以为自己解围。

9.　拒绝不是莽夫的行为，拿捏好分寸很重要

在与人交往中，说话需要讲究分寸，话说得好不好，够不够力度，是否超过尺度，往往都能影响谈话效果。可以说，说话就是一门讲究分寸感的艺术，拒绝尤其如此。

拒绝是我们的目的，可它不是莽夫的行为，越直接越好，越彻底越好。直接、彻底的拒绝，确实会更省时间，甚至会事半功倍。可结果往往是我们无法承受的，这样的拒绝很可能得罪人，甚至招来别人的怨恨和仇视。

对于一个处于社会复杂关系中的普通人来说，经营好人际关系非常重要，这不仅有利于我们的生活、事业、人生，更是我们必须懂得和学会的重要功课。所以，与人沟通时，我们需要尽可能讲究说话的方式和分寸。拒绝他人的时候，即便我们的内心再不情愿，情绪再不好，也要拿捏好分寸，不可说出得罪他人的话语。

某位导演正在拍一部电视剧，女主角是一位人气非常火爆的女演员。要说这位女演员，之前并不火，演过几部不错的电视剧后小有名气，那时还算谦虚、低调。可是火了之后，她便开始变得膨胀起来，时常要大牌，不配合剧组的时间和行程，要求还非常苛刻。

一进入剧组，这位女演员便挑三拣四，要求独立化妆间、高级保姆车，还对剧组的化妆师不满意，要求请一级化妆师。导演虽然有些不舒服，觉得女演员太过分，但是为了大局着想，还是答应了她的所有要求。

可有一天，女演员傲慢地说："现在很多剧组的道具都是假货，

尤其是项链、头饰，全部是塑料的。我记得之后有一场戏，我需要带个珍珠项链，可要真的项链，别给找那些塑料假货来充数。现在，我可不想戴那些假货，这实在太掉价了！要是让粉丝看出来，岂不是影响我的形象！"说完，她还摆出"你不答应我，我就不开工"的架势。

要知道，这些首饰非常贵重，很多剧组是用塑料用品代替的。而且，剧组怎么可能临时找来真的珍珠项链？可是导演却不敢直接反驳这位女演员，担心她要大牌、撂挑子，这样一来，耽误了拍摄进度，剧组的损失就更大了。

想了一会儿，导演开玩笑地说："真的首饰，拍摄出来的效果确实好！我们也想要什么都用真的，不过咱们做戏得做一套，你要求那珍珠项链是真的，那最后一场戏的毒酒，是不是也需要是真的啊？"

导演这番话把周围的工作人员都逗笑了，这位女演员也笑了起来，说："导演，没想到你说话还这么幽默，你是想要毒死我呀！"

见女演员的情绪变好，导演继续说了自己的苦衷，希望她能够体谅。女演员也知道自己的要求过分，便顺水推舟地说："算了，我知道这剧组的规矩，假的就假的吧！不过，我的衣服可要精致些！"

就这样，这位导演聪明地解决了问题，既拒绝了女演员的不合理要求，又没有得罪人。

试想，如果这位导演没有把握好反驳的尺度，直接火气大地说："要什么真珍珠？剧组资金有限，我怎么给你找真珍珠！不能答应你的要求！"或是"你的要求太过分了，我办不到！你不就是刚有些名气，就这么耍大牌！那你最后一场戏是不是要喝真的毒酒啊！"

恐怕事情的结果就不一样了！这势必会惹怒女演员，导致双方不欢而散，甚至可能造成巨大的损失。

所以，拒绝不是硬碰硬，更多的是需要我们把话说得不轻不重、恰到好处，既能表达自己的想法，又不至于引起对方的不满和反感。这样一来，大家才可以平心静气地坐下来交谈，关系才能更加融洽。

事实上，那些会说话的人，总是能够把握好说话的尺度和分寸，不管是批评还是反驳，或是拒绝，都能说得恰到好处，既能表达自己的想法，实现自己的目的，又不会得罪人，引起别人的反感。最终，他们能够轻松地拒绝老板、员工、客户、朋友、亲人等，达成自己的一切愿望。

拒绝不是莽夫的行为，也不需要我们立即做出回应，当即就做出判断。若是如此，我们的拒绝不仅很难让对方接受，还会让对方觉得下不来台，从而让沟通变成争吵。面对他人不合理的要求，或是苦苦哀求，我们应该深思熟虑一番，为自己赢得喘息的机会，也给对方适应的机会。

只有这样，我们才能找到最适合的时间点去沟通、去解释，圆满解决问题。当然，这个时间点没有严格的要求，关键在于我们掌握好时机。我们可以先下手为强，事先阻止对方提要求，堵住对方的嘴巴，让他说不出之后的话，这样就可以省去拒绝的麻烦，避免得罪对方。

比如，你的亲戚朋友想要和你借钱，可你手头也不宽裕，或是对方时常借钱不还。那么，你就可以学会听话听音，一察觉到对方的借钱意图，就说最近手里没钱，或是买车花了很多钱，如此对方就不好意思再开口了。

再如，若是有人问你明天下午是否有时间，而这个人时常让你帮忙，你就可以说："我明天下午有约会，怎么，你有什么事情吗？"或是同事问你现在忙吗，你也可以说："我刚接手一个项目，经理说必须尽快完成。您有什么事情吗？"

在对方开口之前，你就说出拒绝的话语，为自己赢得了主动权。

这样的方法，总比对方已经开了口，你再想办法拒绝容易多，也有效得多。即便对方依旧提出要求，因为有了之前的铺垫，你的拒绝也就不会得罪对方了。

我们还可以把拒绝的话往后拖，不当即给予对方答复，让事情先冷却，然后再想办法拒绝。面对别人的要求，你可以说："我现在不能给你答复，稍等一会，好吗？"然后，等过一段时间后，你再说："不好意思，经过这段时间的考量，我发现自己没有能力帮你。"如此，不仅让事情得到冷却，还体现了你的慎重和真诚。

总之，说话的艺术不但体现在内容上，更多地体现分寸和时机上。想要让自己的拒绝取得成功，就要求我们把握好说话的尺度和分寸，不要以硬碰硬，更不要不计得失地拒绝。拒绝了鲁莽的行为，才能避免你和对方的矛盾变得不可调节，更好地维持彼此的关系。